이런 생각
저런 생각

이런 생각 저런 생각

이상업 · 정희순 지음

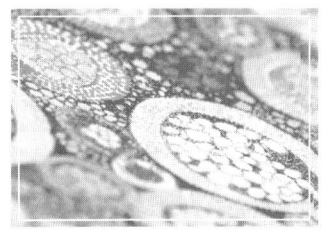

보고사

옛날과 달리 시간의 흐름 속도가 빨라진 까닭은 없지만 '왜 그렇게 느껴질까?' 하고 자문자답해 본다. 나이 탓인가……. 곰곰이 생각하여 보니 '정보의 홍수 및 고속화 시대'의 와중에 시간과 공간의 개념이 마비되어 버린 것이 주요 원인인 것 같다.

벽면에 걸려있는 달력을 바라보니 지난 달, 이번 달, 다음 달이 모두 한 면에 편집되어 있다. 지금도 사라진 것은 아니지만 예전에 일반적으로 사용하던 365장의 두꺼운 사전모양의 달력이 기억난다. 평일은 흰색, 토요일은 파란색, 일요일은 붉은색으로 구별하고 있었다. 금요일은 다음 장의 파란색 붉은색이 비쳐 나와 매우 기뻐했던 기억이 난다. 이 달력을 각 역마다 정차하는 완행열차에 비유한다면, 오늘날 한 달 단위, 석 달 단위의 달력은 도중 작은 역을 무시해 버리는 특급열차라고 할 수 있다.

현관에 신문 넣는 소리가 들려서 나가보았더니, 일반 기사를 비롯해 펀드, 경제, 부동산, 자동차 등 전문 기사를 합하여 60면에 가까운 분량이며, 게다가 대형 마트의 상품광고, 각종 학원의 학생모집

광고 등이 화려한 천연색 인쇄물로 끼워져 있다.

물론 정보의 수요자가 천층만층이고 보니 이 모두가 필요하다고 판단되어 편집되었을 것이다. 문자, 활자를 매개체로 한 정보에다 컴퓨터에 의한 동영상으로 무제한 방출되는 정보가 가세하여 더욱 더 정보 과잉, 정보 전국 시대가 펼쳐지고 있다.

이와 같은 무진장의 정보는 오히려 우리들의 정보결핍증을 불러일으키고 있는 것이 익살스런 오늘날의 현실이기도 하다. 두 개 속에서 하나 고르기는 쉬운 일이지만, 세 개 네 개 늘어나게 되면 우리 머리는 갈피를 잡지 못하게 된다. 폐쇄회로가 아닌 무한 개방회로에서 어려운 선택을 매일 매일 강요당하고 있는 젊은 세대들을 볼 때마다 우리 노년층은 안타까움을 금하지 못한다.

생물의 DNA 구성 변화는 100만 년 만에 겨우 0.5% 정도라고 한다. 오늘날의 젊은이들이나 노년층의 DNA차이는 전무할 것이다. 그러나 오늘날과 같이 초고속으로 변화하고 있는 사회 속에서 젊은이들은 우리와 매우 이질적인 정보처리 능력을 지녀야 한다. 바꾸어 말하면 필요한 정보의 선택에 순간적인 감성(感性)과 기지(機智)가 필요할 때이다. 결과적으로 세대 간의 정보관 자체도 달라지고 있다. 그로 인해 세대 간 단층의 골도 깊어지고 있다.

오늘날의 사회는 세대 간의 괴리를 이어나가는 노력에 인색하며, 같은 지구상에 생활하고 있으면서도 대량의 이성인(異星人)을 만들어내는 비극을 연출하게 된다. 따라서 우리에게 가장 요청되는 과제는 세대 간의 끊임없는 의사 교류를 통한 상호의 단층을 메워나가는 일이다. 양세대의 감성과 정감의 구조는 아주 달라지고 있다.

이 책의 공동 집필자와 표지그림을 그린 사람은 70대, 40대, 10대라는 매우 동떨어진 세대에 속한다. 서로의 감정과 정감을 잘 조절하여 조화 속에서, 서로 간섭하면서, 간섭당하면서 평소 가슴에 담아온 이런 생각, 저런 생각을 적어보았다.

2007년 저자

1
정보 편식

한 나라의 지정학적 특징은 우리들의 예상을 훨씬 넘는 비중을 차지하고 있을 것이다. 특히 부존자원의 경우는 말할 나위도 없지만 그것보다 더 영향을 받는 것이 그 나라 영역을 둘러싸고 있는 이웃관계일 것이다.

각 나라들은 군사력에 의한 국방 측면도 중요하지만 문화적 영향도 중요하다. 우선 한국의 경우를 생각해 보면, 삼면이 바다로 둘러싸인 반도로서 입버릇처럼 되어 있는 금수강산에 걸맞은 풍토적 혜택을 받고 있다고 할 수 있다.

북위 중위도에 자리 잡고 있는 까닭에 사계절이 아주 분명하게 교체되어 춘하추동의 계절적 향기를 언제나 피부로 느낄 수 있는 행운의 땅에 우리가 살고 있다. 고온 다습한 섬나라에 비하여 생산성이 아주 높다고는 할 수 없으나 웬만한 곡물은 자라고 있으며, 덕분에 지진이나 화산, 해일 같은 피해는 별로 모르고 살아왔다.

이웃 일본이 치르고 있는 자연 재해들을 신문이나 방송에서 들을 때마다 새삼 우리는 복 받은 땅에 살고 있다는 것을 마음속 깊이 새기게 된다. 적도 하에서 만들어지는 북상 태풍의 경우도 10개 중 9개가 일본 열도를 찾아들고 가끔 미아격의 태풍이 우리나라에 상륙한다.

지난 1995년 고베(神戸)를 엄습한 지진의 경우도 그 피해액이 영국 GDP에 해당된다는 계산이 나오고 있다. 경제적인 손실은 말할 것도 없거니와 살아남기는 하였으나 그 당시에 입은 정신적 충격에서 아직도 헤어나지 못하는 사람이 수없이 많다는 보도가 나온다. 특히 지진 같은 천재는 지금까지의 경험이나 연구에서 볼 때 거의 예견이 불가능하다고 하니 그 위에서 생활을 영위해야만 하는 사람들의 긴장감은 말할 것도 없다.

그러나 일본 열도는 그 놓여 있는 위치로 인해 한편으로는 이득을 얻고 있었다는 것을 잊어서는 안 될 것이다. 그 이유로는 중국대륙과 격리된 거리를 들어야 할 것이다. 사실 아시아 대륙에서 중국은 일개 국가로서 그 영토가 대국이라고 호칭되듯 무척 크다. 그래서 국력이나 국부가 긴 역사를 통하여 중화 의식 같은 자민족중심주의(自民族中心主義, Ethnocentrism)를 키워 왔다.

가끔은 북쪽 유목 민족들의 회오리바람 같은 침공에 괴로움을 당했지만, 어떻든 상상을 넘는 문화를 쌓아 올릴 수 있었던 것이다. 역사적으로 당·명나라와 같은 경우는 중국의 문화력이 극도에 달한 때라 할 수 있다. 역사 발전의 지렛대 역할을 하게 된 종이, 화약, 나침반도 이 땅에서 만들어졌다. 당도(唐都) 장안(長安)은 그야말로 세계의 수도로서 서역 사람들이 실크로드(Silk Road)나 스파이스 루트(Spice Route)[1]를 통하여 등불에 모여드는 나방처럼 장안 거리를 메웠다고 한다. 결과적으로 중국은 강력한 문화 정보 발신의 원점이 되고 보니 중국 사람들의 자민족중심주의는 더욱더 확대되는 결과를 낳게 된다.

이와 같은 초대형 중원 문화의 파장은 우리 한반도에 그대로 파상적으로 흘러 들어오게 되었다. 우리는 이 파상적으로 밀려오는 문화를 우리의 문화력으로 소화하기에는 힘겨웠다. 결과적으로 중원문화(中原文化)에 의한 식상현상(食傷現狀)을 일으키게 마련이고 이것이 그 후 줄곧 관습화되어 버린 것 같다. 끝내는 출람소화(出藍小華)라는 말이 나돌게 된다. 어떤 재일 한국인 석학이 파리 시장 시절의 시라크(Jacques Chirac) 씨와의 대화에서 '우리는 중국에 의해서 역사적으로 입은 피해가 적지 않다'라고 했던 마음을 이제는 이해할 것 같다.

우리들은 결과적으로 중원 발신의 정보에 이데올로기적 부가가치를 하는 데 열을 올리기 시작하였다. 중원 이외에서 일어나는 어떤 이벤트도 우리에게 관심사가 되지 못하고 이단시하는 종교적 체질

---

1) 동양 진출의 동기가 동남아에서 산출되는 향신료이기 때문에 시도한 호칭.

로 변하고 말았다. 우리 소국(중국에 비해서 소국)이 살아남기 위해서 다른 방법이 없었다고 봐야 하니 결과적으로 우리 한반도가 놓여 있는 위치를 탓하는 수밖에 별 도리가 없다. 이와 같이 우리가 중국 문화에 매료 도취되어 있는 동안, 중국 이외 지역에서는 온갖 문화들이 화려하게 꽃피고 있었다는 것을 잊어서는 안 된다.

16세기 브뢰겔(Jan Brueghel)의 그림에는 그 당시 유럽인들에게 있어 인간중심의 르네상스적 전원 풍경을 그린 활기찬 그림들이 많이 있지만, 그 중에는 황해의 거친 파도를 항해하는 화란상선(和蘭商船) 그림이 인상적이다. 그들은 포르투갈이 발견한 아프리카 남단의 희망봉을 돌아 정열적으로 동양으로의 진출을 꾀한다. 이미 해양 대국 스페인에 뒤질세라 해외 식민지 획득에 열을 올린다. 결국, 스페인, 화란(和蘭, Netherlands, 네덜란드)에 자극을 받아 프랑스, 독일, 영국들이 뒤를 잇게 되어 19세기경 동남아 일대는 그들의 동인도회사(東印度會社) 경략의 터전이 되고 만다. 특히 한반도와 일본은 비교적 뒤늦게 그들과의 식민지 경력의 전주곡과 다름없는 개항 요청이 시작되었지만, 여기에서는 이들 서구 여러 나라들의 접근에 대한 우리들의 대응을 살펴보고자 한다.

1600년 일본 규슈(九州)의 분고(豊後) 앞바다에서 폭풍우에 시달린 표착선이 밀려왔을 때 이 배[2]에 생존해 있던 선원들은 서양 지

---

2) 지금도 일본 국립 박물관에 보존 전시되고 있다.

식의 소유자로서 일본인의 호기심에 횃불을 당기게 된다. 얀 요스텐(Jan Joosten van Lodensteijn)이라는 화란 사람과 윌리엄 애덤스(William Adams)라는 영국 사람이 그 장본인이다.

그들은 당시의 도쿠가와 막부(德川幕府) 당국으로부터 통상 고문의 자격으로 오늘날의 동경 역 부근에 저택을 하사받아 호사한 생활을 보장받게 된다. 윌리엄 애덤스는 훗날 일본 이름 미우라 안진(三浦按針)으로 불리게 된다. 그는 천문학, 항해술, 조선학에 뛰어난 지식을 가지고 있어 그와 같은 처우를 받았던 것이다. 상기한 표착선이 곧 「리후데호(リーフデ号)」로 이 배의 표착이 계기가 되어 일본과 화란의 통신 길이 터지게 된다. 히라토(平戶)에 화란상관(和蘭商館)이라는 무역관이 설치되는데, 훗날 이 히라토 상관은 나가사키(長崎) 데지마(出島)로 옮겨진다.

일본이 이 데지마 화란상관을 통하여 서구 정보를 계속 들어오게 장치하였다. 「풍설서」라는 일종의 정보 보고서를 화란상관에서는 정기적으로 제출하여 일본 막부는 언제나 서구에서 일어나는 정치·경제·사회·문화의 기상도를 주지하고 있었다고 할 수 있다. 흔히 '쇄국의 창'이라는 말이 이 데지마를 겨냥한 것이다. 그 당시 동남아 일대는 순차적으로 서구 열강의 식민지로 바꾸어지고 있었다. 결국, 서구 여러 나라의 정치·경제·사회·문화 정보를 발신하는 결과가 되었다.

서구를 정보 발신의 기점으로 할 때 실크로드를 통한 대륙문화,

희망봉 인도양을 통한 스파이스 루트(Spice Route)의 해양 문화가 일본 열도를 극동의 종점으로 하여 형성되었다고 할 수 있다. 리후데호의 경우와 같이 애당초 항해 목적지는 그들의 동남아 식민지 특히, 화란의 경우는 그 아성격인 인도네시아의 바다비아[3]였을 것이다.

태풍에 의한 난파가 전화위복이 된 것이다. 이 화란의 미우라 안진과 똑같은 경위로 스페인의 돈 로도리코(Don Rodolico)를 들 수 있다. 결국 태풍으로 일본 앞바다에 표착되고, 이것이 기원이 되어 일본과 스페인의 식민지 필리핀이 무역통상으로 이어지게 된다. 여기에서 미우라 안진의 표착과 그 후의 경과를 지루하게 기록해 본 이유는 우리의 대외 표착선에 대한 조치와 너무 대조되는 까닭이다.

1653년 하멜 일행이 일본 나가사키를 향하여 본국을 떠나 바다비아를 경유하여 북상하던 도중에 태풍을 만나 제주도에 표착하게 되는데 그들은 대단히 위험한 전염병 보균자처럼 격리되어 여수·순천·남원 등의 감옥에 격리 수감되었으며 이들이 가지고 있던 소중한 정보에 대해서는 전혀 관심이 없었던 것이다. 약 13년 후 이 중 8명이 도망쳐 본국에서 『난선 제주도 난파기』를 출간하게 되는데, 이것이 한국이 세계 속에 처음 소개된 풍속도라니 어이가 없다.

도쿠가와 막부(德川幕府)가 윌리엄 애덤스를 대한 그것과는 하늘과 땅 차이를 느끼게 한다. 이와 같이 우리는 '중화문화' 정보만으로

---

3) 오늘날 자카르타.

살아갈 것을 맹세한 일신교 신도처럼 되어 있었던 것이다. 중국 이외 정보는 대단히 위험한 전염병 보균자처럼 처리하는 습성을 길러왔던 것이다. 이러한 정보편식은 조선이 일본에 병탄 당할 때까지 고집하였다. 결국 우리는 국토의 지정학적 숙명으로 정보편식의 알레르기형 체질을 키워왔다고 할 수 있다.

만약 일본 열도가 중원문화(中原文化) 또는 북태평양 난류(北太平洋暖流)4) 유역과 더 떨어진 곳에 있었다면, 혹은 우리와 같이 대륙의 일개 반도로서 존재하였다면 어떻게 되었을까 하는 상상도 해 본다.

---

4) 구로시오(黑潮)라고 부름.

2
문화 통과지

　중원 문화는 중국 황하 유역을 중심으로 한 오랜 역사와 강한 힘을 가진 황하 문화를 가리킨다. 당(唐)대 장안을 생각할 때 세계 문화로서 서구에 있어서의 로마 문화 이상으로 다양하고 다채로운 역동적 문화의 집산지였다. 다행인지 불행인지를 막론하고 우리는 이 강력한 중원 문화와 육속(陸續)관계로 이웃하고 있었고, 일본 열도는 바다라는 완충지대를 끼고 이웃하고 있다.

　이처럼 한일 양국이 중원 문화의 주변 문화국으로서 나름대로의 민족 문화를 키워온 것만은 사실이다. 좀 더 고대로 거슬러 올라가보면 일본은 이웃나라로 한반도에 국한되었던 때도 있었다. 일본의 고사기(古事記)나 일본서기(日本書紀) 같은 자료에서 그것이 더욱 확실하게 나타나 있다.

　우리 한반도가 중국 대륙과 육속되어 있다는 것은 우리 민족의 지정학적 운명이라고 할 수 있다. 전 세계적 문화 정보의 총 발신처와 근거리에 이어져 있고 보니 그들 선진적 문화의 혜택을 쉽게 받을 수 있었다는 것은 민족으로서는 다행한 일이지만, 파상적(波狀)으로 밀려들어 오는 문화에 식상(食傷) 증후를 일으키게 되었던 것도 사실이다. 아무리 좋은 음식이라 할지라도 과식하면 일어나는 부작용과 같은 것이다.

끝내는 사대주의(事大主義)라는 아주 난치성 만성병을 지니게 되는 것이다. 대륙에서 들어오는 모든 문화 정보는 어느 것 하나 버릴 것 없이 귀중하고 우리로서는 귀감으로 삼아야 한다는 신념에 가까운 마음가짐이다. 결과적으로 중국 이외에서 들어오는 문물들을 무비판적으로 이단시하는 습벽을 키워온 것이다.

가끔 태풍으로 제주도나 남해안에 난파 표착하는 북·서구 문물들에 대해서 우리가 보여준 까닭 없는 거절 반응이 곧 그런 것이다. 하멜 일행이 태풍에 밀려 제주도에 난파했을 때 이들에 대한 우리의 사후(事後)조치가 그것을 잘 말해 주고 있다. 이들이 지니고 있던 선진적 문화정보는 방대하였을 터인데 전라병영(全羅兵營) 여수의 전라좌수영 등에 배치되어 잡역에 종사하게 하고 결국 본국으로 탈출하게 된다.

생각해 보면 이들 하멜 일행이 표착한 해가 1651년이다. 우리 영토가 쑥대밭이 되고 국민들의 피를 한없이 흘리게 한 임진왜란을 겪은 지 60여 년 후에 일어난 일이다. 임진왜란 때 일본은 이미 소총 부대를 편성하여 전투에 임하고 있었다.

일본이 소총 정보를 입수하게 된 것은 1543년 포르투갈선이 일본 규슈(九州) 남단 섬 다네가시마(種子島)에 표착하면서부터이다. 일본인들은 태풍 등으로 표착한 외국선들을 귀중한 정보의 전달자로서 극진한 대우를 하였다.

1600년 일본에 표착한 윌리엄 애덤스의 경우에도 일본 도쿠가와 막부는 이들을 칙사대우 하였으며, 이들이 지니고 있는 문화 정보를 뽑아내기 위해 혈안이 되었다. 사실 상기한 귀중한 조총 정보가 중국 땅에 들어간 것은 일본보다 40년 전이었으나 중국 조정에서는 이 귀중한 정보가 국가 전복의 흉기가 되는 것을 두려워하여 지하실 깊은 곳에 사장해 버렸었다. 왜란 때 우리의 원군 청원으로 이 땅에 들어온 명군들은 활과 칼로 무장되어 있었고 조총에 대한 정보는 전혀 듣지 못하고 있었던 것이다.

현대는 더욱 그렇지만, 역사적으로 눈을 돌려 보아도 한 국가의 안전은 그 국가의 정보 수집 능력과 정보 활용의 역량에 달려 있다는 것을 알 수 있다. 이 정보의 수집에 있어서 가장 유의할 것이 정보의 편파적 수집과 편파적 활용일 것이다.

이런 시각으로 볼 때 우리 민족이 중국 정보에 대한 편파적 비중 부가로 입게 된 역사적 손실은 우리의 상상을 넘고 있다. 그 병폐가 세월이 흐를수록 더욱 조장되어 마침내 강인한 이데올로기로 둔갑하여 우리들의 일거수일투족을 얽매기 시작했고, 정보 편식으로 국가의 건강은 쇠약할 대로 쇠약해지고 결국 국권을 잃게 되었다.

이야기를 다시 서두의 지정학적 운명에 대한 고찰로 되돌려 보자. 한반도를 중원 문화의 제1주변국으로 보고, 일본 열도를 제2주변국으로 볼 때, 우리는 지정학적 측면에서 중원 문화의 통과지 몫을 맡게 되고, 중원 문화의 제2주변국으로서 일본은 문화의 종착지 내지는 퇴적지(堆積地)의 운명에 놓이게 된다.

흔히 속된 말로 중국을 어머니의 유방, 한반도를 어머니의 유두, 일본을 유아에 비유하기도 하는데 이것은 은연중에 삼국 간에 무의식적으로 기능하여 왔다. 특히 삼한 시대로 거슬러 올라가면 그와 같은 현상은 뚜렷하게 나타난다.

일본서기를 보면, 백제 문물의 일본 전달 목록이 그것을 대변해 준다. 이와 같은 역할 분담이 장기화되는 동안 중국으로부터 계속해서 들어오는 문화를 받아들이게 되니 우리 문화 스스로 기본적 변화를 가져오게 되고 문화적 비만을 가져와 비판 없이 체계화, 이론화하여 그 속에 몰입되어 갔다.

반면, 우리들의 이론화 역량을 높이 평가하는 일본 유학자들도 많이 생겨 '원생(願生) 고려국(高麗國)하여 일견(一見) 금강산(金剛山)이 아니라, 유교공부를 원 없이 해보겠다'는 말까지 나오게 되었다.

이 사정을 대변해 주는 것으로 임진왜란 때 납치되어 간 강항(姜沆, 1567~1618)[1]과 그를 스승으로 모신 일본 유학자 후지와라 세이

---

1) 수전 중 군포가 되어 일본에 끌려간 유학자.

강항의 영정

카(藤原惺窩, 1561~1619)의 관계를 들 수 있으며 일본의 국민 작가 시바 료타로(司馬遼太郎)의 『이 나라의 모습(この国のかたち)』에 잘 기록되어 있다. 이와 같이 아시아에서 자랑할 만한 대 유학자들이 배출되었다는 것은 반가운 일이다. 반면, 유교가 이데올로기화하여 생활 속에 스며들어 일어나는 폐단도 적지 않았다.

일본의 경우 우리나라로부터 건너간 문물들을 재치 있게 분류하고 병렬적으로 정리, 엄선(嚴選)하여 가치를 창출하는 기법을 채득하게 된다. 여기에서 문화 통과 지역과 퇴적 지역과의 문화 수용 특징은 달라진다. 다 같은 유교주변국이면서 일본의 경우는 과거제도나 환관제 수입을 금지했으나, 우리의 경우는 그대로 받아들였다. 여하튼 상호간에 그 문화로서의 생긴 부산물은 생략하더라도 민족 문화 형성의 여러 측면에서 영향을 주었던 것은 사실이다.

3
가이아의 외침

    필자는 일찍부터 지구를 살아있는 한 생명체로 정의해 왔다. 실제 지구의 2/3 이상이 바다이고 보니 지구(地球)라기보다 수구(水球)라는 호칭이 어울리겠지만 어찌됐든 일반적인 생명체에 있어서 70% 이상이 수분이라는 것을 생각할 때 지구 아닌 수구가 하나의 생명체라는 가정은 대단히 합리적으로 보인다.

    지표면은 말할 것도 없고 지구를 감싸고 있는 공기층, 더 나아가 수백 미터 심해에 이르기까지 온갖 생명체가 지구라는 거대한 숙주(宿主)에 의지하여 살고 있다. 지구는 이와 같이 많은 생명체를 몸속에 담고 있는 모체(母體)라고 할 수 있다.

    사람도 물론 이들 생명체 중의 하나로 살고 있다. 이태백은 천지를 '만물의 역려(逆旅)'라고 했다. 이것은 지구를 여관에 비유한 말이다. 여관에 유숙했던 손님이 떠나가면 다시 깨끗하게 청소하여 다음 손님을 받게 되는 것이다. 그러나 한 생명체로서의 지구를 상정(想定)할 때, 문제의 해결은 쉽지 않다. 만약 숙주로서의 지구가 악성 기생충으로 이병하여, 숙주가 생명 기능을 잃게 되면 생체 숙주에 의지하여 살고 있던 생명체도 함께 그 생명을 마감하게 된다.

살충제 D.D.T[1]가 만들어져 우리들이 쾌재를 연발하였을 때, 레이첼 카슨(Rachel Carson, 1907~1964)은 『침묵의 봄(Silent Spring)』서두에서 "평화롭고 아름다운 한 시골 마을이 어느 날부터 갑자기 원인 모를 질병과 죽음으로 고통 받는다"는 우화로 경고하였다. 그녀는 비교적 일찍 유명을 달리한 까닭에 D.D.T보다 훨씬 강한 독성을 지닌 살충제, 살균제를 알지 못하였는데, 지금까지 살아있었다면 과연 어떤 충고를 내렸을지 궁금하다.

현대 사회에서 사용빈도가 높은 일상어가 되어버린 '오염'이라는 말을 생각해보자. '대기오염', '수질오염', '공기오염' 등 현대인들은 별다른 저항 없이 이 말들을 사용하고 있다. 이 가운데 '공기오염'을 생각하면, 공장 굴뚝에서 내뿜는 산업 연기가 뇌리를 스친다. 이 연기 중에는 온갖 치명적인 독성을 지닌 미세 알갱이가 포함되어 있다. 특히 경유 자동차가 내뿜은 탄소 알갱이는 사람이 집중적으로 생활하고 있는 도심지대에 방약무인(傍若無人)격으로 내뿜으며 질주한다.

겨울이 지나 봄이 오면 우리들은 움츠렸던 가슴을 활짝 펴고 야

---

1) dichloro-diphenyl-trichloro-ethane, 유기 염소계 살충제.

외로 뛰어나가지만, 어김없이 불청객 '황사(黃砂)'가 날아온다. 보통 토우(土雨)라고 한다. 필자의 어린 시절에도 이 황사는 어김없이 찾아왔으며 지금도 그 기억이 뚜렷하다. 이것은 중국 북녘, 몽고 지방에서 지표관리를 잘못한 결과이다. 과방목, 과경작이 바로 그 원인이 된다고 할 수 있다.

중국 난주(蘭州)와 같은 공업 도시는 세계에서 유독가스를 가장 많이 내뿜은 곳인데, 하루에 담배 두 갑을 태우는 격이 된다. 난주 뿐만 아니라 중국의 급속한 산업화로 대륙 동쪽 해안 여러 도시에서 내뿜는 유독가스가 편서풍을 타고 우리나라에 날아오지 않는다는 보장도 없다. 이렇게 볼 때 공해는 국경을 가리지 않고 이웃 여러 나라에게 피해를 주게 된다. 우리 한반도는 그렇지 않지만 큰 강이 여러 나라를 관통하여 흐릴 때는 더욱 심각한 문제를 일으킨다.

수질오염 중 바다오염은 전 지구를 오염시킬 수도 있다. 요사이 유조선의 좌초로 기름이 흘러나와 연해국들을 괴롭히는 보도 기사가 자주 등장하고 있다. 현시점 가장 말썽이 되고 있는 '지구 온난화' 즉 '지구 온실효과'는 공장에서 내뿜는 탄산가스가 결국 지구 공기층을 감싸게 되어 지구에서 방출되는 복사열이 갈 곳이 없어서 일어나는 현상이다. 교토의정서에서 각국마다 자진하여 규제율을 정해 탄산가스의 방출을 줄이겠다고 하지만 가장 규제가 요구되는 대 산업 국가들은 그 비준을 꺼리며, 온갖 구실을 총동원하고 있다.

최근 미국 주간 타임지 기자가 인도양 몰디브 공화국(Republic of

Maldives)의 수도가 있는 섬을 '연잎 위에 떠 있는 도시(City on a lily pad)'라는 표제를 달고 공중 촬영한 것을 기사로 실었다. 이 섬의 최고 높이는 해발 1m 전후라고 한다. 지구 온난화로 남·북국의 빙산이 매일같이 녹아 줄어들고 해수면은 높아지고 있는 이때에 물위에 떠있는 연잎 같은 나라들이 바다 속으로 침몰하게 될 때를 상상해 본다. 정말 불안한 미래의 청사진이라고 할 수 있지만, 서남태평양 가운데 산호섬으로 이루어진 독립국 투발루(Tuvalu)도 같은 운명에 놓여 있는 공동체라고 할 수 있다.

연잎 위에 떠 있는 도시(City on a lily pad)

이와 같은 해면 상승은 비단 섬뿐만 아니라 우리 주위의 모든 나라들에게도 경종을 울린다. 산업·공업지구로서 그 나라의 금융 시장을 관장하는 큰 도시들은 대부분 항구 도시로서 해수면 상승의 두려움을 느끼지 않을 수 없다. 뉴욕이나 상하이가 베니스같이 되어 뜻밖에도 관광 시장으로 이름을 높일지는 모르지만, 숙주에 대한 무자비한 가해(Damage)에 숙주 지구도 한 생명체로서 일종의 항체 운동을 일으키기 시작한다. 쓰나미(津波), 홍수, 한발 등 지구라는 거용(巨龍)도 안간힘을 다하여 스스로 살아나갈 길을 모색하고 있는 것은 가이아(Gaia)2)에 귀를 기울일 때가 왔음을 알리는 신호탄이다. 따라서 우리 인류가 숙주격인 지구에 기생하는 유일한 악성 기생충이 되지 않기를 바라는 마음이다.

---

2) 게(ge)라고도 하며 '만물의 어머니'로서의 땅을 인격화한 신.

4

붓으로 쓰는 연하장

　세말(歲末)[1]이나 성탄절을 전후하여 연하장, 혹은 크리스마스 카드가 분주하게 왕래하게 된다. 최근에는 이 풍속도 많이 변하여 이메일(E-mail)이 주로 활용되고 있으며, 연말 풍경도 크게 그 모습이 변하고 있다. 이메일 같은 것은 주로 젊은 사람들의 통신 수단이 되겠지만, 이메일 세대가 아닌 노년층에서도 연말에 주고받는 연하장의 왕래 수효가 급격히 줄어든 듯하다.

　'살기에 바빠서'라고 하지만 개인 간의 왕래는 줄고, 주로 상거래나 공식적으로 왕래하는 천편일률적인 연하장이 주가 되고 있는 것 같다. 이렇게 말하면 또 노인의 푸념으로 들리겠지만, 연말에 연하장 보내기가 옛날에는 만사 제쳐놓고 큰 프로젝트의 하나였던 것을 상기하고 새삼 금석지감(今昔之感)을 뼈저리게 느끼는 것이다. 정월

　1) 연말.

초하루 아침에 파상적으로 들어오는 선배, 친구, 후배들의 손으로 쓴 짤막한 소식들이 얼마나 반가웠는지 모른다.

다 같은 연하장이라 하더라도 타자나 다른 손쉬운 방법, 이를테면 인쇄물 같은 것은 정이 나지 않는다. 왜냐하면 타자나 인쇄물은 보내는 사람의 정이 기계의 매체로서 일단 단절되는 것 같다. 옛날에는 연하장에 반드시 모필(毛筆)을 이용했다. 같은 필기도구라고 하나, 펜이나 인쇄물보다는 모필이 훨씬 보내는 이의 정이 담겨 있고 받는 사람의 기쁨이 배가 된다. 펜으로 쓴 글은 인쇄물과는 비교할 수 없으나 모필에는 당하지 못한다.

모필로 연하장을 쓴다는 것은 그 과정부터 정성이 담기기 시작한다. 벼루에 물을 부어 한참이나 먹을 갈고, 그 사이 말라서 굳어버린 붓을 손으로 잘 문질러 먹을 조심스레 묻혀서 쓰는 것이다. 또 모필 글자 자체가 표현하는 시각적 요소가 많다. 먹색의 농도나, 획의 굵기, 먹물의 갈(渴), 윤(潤) 등에 의한 콘트라스트 등 펜이나 인쇄물이 전하기에는 힘든 발신자의 정감이 고스란히 담겨지는 것이다.

필자는 뷔페 식사법을 좋아하지 않는다. 뷔페음식에는 담기는 정이 없다. 물론 실력 있는 요리사들이 기술을 발휘하여 만든 음식들이라 맛이 있어야 한다. 사실 아주 맛있을 때도 있다. 그러나 손님을 위해 손님의 요구에 따라 만든 즉석요리에 비할 수는 없다. 뷔페음식은 많은 손님을 상정하여 사람들의 입맛을 고려하여 만드는 것이다 보니 흡사 기성복과 맞춤옷이 가져오는 차이와 흡사하다. 한

때의 타자 연하장이나 오늘날의 이메일 같은 것에 비유되는 것이다. 세계적인 요리사가 '음식의 맛은 정성이다. 평생 음식을 만드는 사람으로서 늙어왔지만 이 신념에 변화는 없다.'고 말한 것을 신문 기사에서 읽었다.

전기밥솥, 냉장고, 전자레인지의 등장으로 주부의 음식준비는 한결 수월해졌고, 가게에 가면, 열만 가하면 당장 먹을 수 있는 음식도 얼마든지 있다. 덕분에 주부들도 마음 놓고 직장생활을 할 수 있는 '주부만세'의 시대가 되었다. 그러나 그 뒷면에는 주부들의 곱고 아름다운 마음이 부서지고 있다는 것을 잊어서는 안 될 것이다. 신문 기사를 보니 일본의 한 초등학교에서는 급식을 금하고 있었다. 도시락을 통해서 어머니의 정성을 느낄 수 있는 기회를 어린이들로부터 빼앗아 간다는 것이 이유였다. 급식을 하면 어머니가 정성껏 마련한 도시락 뚜껑을 열 때의 기쁜 감정을 느끼지 못한다는 것이다.

세상이 바뀌고 있는데 그에 맞추어 변하지 못하면 '적자생존'이란 냉엄한 세상에서 살아나가기 힘들 것이며, 매일같이 사회 적응력을 체크해 나가야 하는 것을 이론상으로는 알고 있다. 그러나 무엇인가 말 못 할 아쉬움, 곧 인간의 정이 그리워지는 요즘이다. 현대 사회는 인간 서로가 나누는 정이나 이야기를 구석구석 쓸어내는 시대인 것 같다. 말 한 마디 안 하고 자기가 필요한 물건은 얼마든지 살 수 있는 대형 마트와 인터넷 쇼핑에 비해 몇 가지 물건만 사는데도 이야기꽃을 피우는 재래시장이 연상된다.

현대화는 우리에게 머리 체조만 강조하고 가슴 체조는 등한시하는 것 같다. 이 세상사는 경제학만으로 풀 수 없고 심리학, 철학, 미학으로 풀어야 할 부분도 많다는 것을 재인식할 시기이다. 인정이 사막같이 메마르게 되었다는 1억 2천여 만 명의 인구 보유국 일본의 경우도 매년 연말연시의 연하장이 35억 장을 하회하지 않고 있다. 한국의 경우는 어떠할까?

5

밤비 소리를 듣다

아파트 생활에서는 밤비 내리는 소리를 즐길 수 있는 기회가 없어진다. 옛날 같으면 추녀에서 떨어지는 낙수 소리를 툇마루에 앉아서 들을 수 있었다. 국민 대다수가 농사꾼으로 살고 있던 때였고 보니 하늘이 내려 주는 선의(善意)만을 하늘같이 믿고 살던 때였다.

필자의 어린 시절 추억에는 항상 '가뭄'이라는 천재(天災)에 시달렸던 기억이 선명하다. 가끔은 홍수 피해 소동도 일어났지만 대체적으로 물 부족으로 농사일을 망치는 경우가 많았던 것이다. 그도 그럴 것이 저수지, 수로 등이 부족할 때라서 몽리수답(蒙利水畓)에 비해 천수답(天水畓)이 많았던 까닭인 것이다. 저수지가 부족하다 보니 하늘에서 내리는 비만 믿고 살던 때였다. 아마 1938년경으로 기억하고 있지만 그해 여름은 어떻게 된 것인지 봄부터 여름 중순까지 한 방울의 비도 내리지 않았다. 이름 난 강물도 점차 강바닥을 드러내게 되고 큰 못들도 말라붙게 되고, 논바닥은 건열(乾裂)되고,

처음에는 물 마른 못을 찾아 고기 잡는 데 취하기도 하였지만, 가뭄은 점차 그 정도로 그치지 않고 계속 기록을 경신하기 시작하였다.

그때가 일제 강점기라서 일본 총독부 요직자들도 대책 마련에 고심하였을 것이다. 끝내는 일본 정부 당국에서 굉장히 높은 사람이 시찰 온다는 소식이 들렸다. 필자도 심상소학교[1] 2학년 무렵인데 일본에서 오는 굉장히 높은 사람이란 것만 알고 그 영접 행사에 끌려가서 기진맥진하였던 것을 기억한다. 한여름의 시골 학교운동장에서 매일같이 굉장히 높은 일본인 시찰단을 맞는 예행연습을 하였다. 학생들은 대부분 짚신을 신었다. 간혹은 구멍 난 고무신을 신고 있었는데 교장선생님의 방침에 따라 전원 짚신으로 통일하였다. 아마 시찰단의 동정심을 얻는 데 도움이 된다고 판단했을 것이다.

드디어 당일이 되어 시골 3등 국도의 자갈길에 하얀 먼지를 자욱하게 내는 가운데 일곱 대의 새까만 세단차의 행렬이 저 멀리 보이기 시작하였다. 우리들은 초긴장하였고 교장선생님은 어쩔 줄 모르는 듯 부동자세로 서 있었던 기억이 선명하다. 나중에 알고 보니 이 굉장히 높은 사람은 다름 아니라 일본 국왕의 '시종무관'이라고 했다. 옷은 해군 정복 같은 것을 입고 가슴에도 별다른 훈장이 없었던 것 같았다. 그러나 도지사가 안절부절 못 하는 것을 볼 때 어린 나이에도 그 해군복 차림의 권위를 알 것 같았다.

---

1) 그때는 초등학교를 소학교라 칭했다.

지난날의 하잘것없는 추억이 엉뚱하게 길어졌다. 그때 동네 어른들의 이야기로서는 꽝철이2)가 밤마다 나타난다는 것이다. 그해 첫 비가 내린 것은 여름 농사를 완전히 망친 후의 초가을이 되어서이다. 그래도 이 비는 가을 채소나 다른 대파(代播) 농작물을 살려낼 수 있으니 이만 저만 반가운 손님이 아니었다. 밤중에 빗방울 소리를 듣고, 온 식구가 잠을 깨고 비 구경을 나갔던 것이다.

옛날 한시(漢詩)에 사희(四喜)3)라는 작품이 있다. 그 속에서 기쁨을 네 가지로 나누고 있다. 첫째, 칠년대한 강감우(七年大旱 降甘雨)4), 둘째, 천리타향 견고인(千里他鄕 見故人)5), 셋째, 무월동방 화촉야(無月洞房 花燭夜)6), 넷째, 소년금방 괘명시(少年金榜 掛名時)7)로 되어 있다.

이 네 가지 중 어느 하나도 수긍가지 않는 것이 없지만, 첫 번째에 '가뭄에 단비'를 가지고 온 것은 충분히 이해가 간다. 아마 요즘 같으면 이 순서가 바뀔지도 모르겠다. 농사를 위한 인프라가 크게 달라지고, 먹고 입는 것은 대체적으로 일단 해결되어 있는 결과 때

---

2) 사전에 찾아보아도 안 보이는 낱말인데 아마 우리지방에서만 통용하는 사투리로서 이 짐승은 콧구멍이 위쪽으로 뚫려있어 비오는 것을 결사 방해하는 영물이라고 한다.
3) 네 가지의 기쁨.
4) 칠년 동안 가물다가 단비가 내린다는 뜻이다. 단비란 표현이 실감 난다.
5) 천리타향에서 친한 벗을 우연히 만났을 때.
6) 달 없는 밤 신방에 꽃 촛불을 켤 때.
7) 어린 나이로 급제하여 이름이 걸렸을 때.

문일 것이다. 고맙고도 다행한 일이다. '세계는 지금'을 생각할 때 아프리카 지역에서 일어나고 있는 흉년과 여위고 쇠약한 어린이가 문득 뇌리를 스친다.

비는 우리들의 생명이었다. 생명을 유지하게 하는 데는 물이 필요한 까닭이다. 우리 몸도 70% 이상이 물로 되어 있다. 지구의 표면은 대부분 수면으로 이루어져있어 지구라기보다 수구란 표현이 걸맞겠지만, 담수의 비율은 오렌지에 한 점 떨어진 물방울 정도라 한다.

밤은 깊은데 비 오는 소리가 유치원 아이들이 모여서 무엇인가 종알거리듯 들려온다. 보통 아파트 건물은 추녀가 없어 흡사 아침에 일어나서 눈세계가 된 것을 보고 놀라듯 바깥 풍경을 봐야 하는데 필자의 경우 아파트 옥상에 모인 빗물을 끌어내리는 관이 침실 머리맡을 지나고 있어서 빗소리를 잘 들을 수 있게 되어 있다. 특히 밤에 듣는 이 소리는 그 정취가 대단하다.

중국의 소상(瀟湘) 일대는 동정호를 중심으로 명승지로 이름 높은 곳이지만, 그 소상 팔경의 첫째가 소상야우(瀟湘夜雨)[8]로 되어 있다. 필자는 충분히 수긍이 간다. 료칸(良寬)이라는 에도시대의 무욕 고결한 일본인 스님이 있었는데 촌동(村童)을 벗 삼아 생활하고 두세 평 남짓한 초막에서 일생을 마쳤다. 지금 물질 만능시대에 오히

---

8) 소상에 내리는 밤비.

려 료칸의 인생관을 사모하면서 일본 각처에 료칸 연구 동아리가 창립되고 있다. 그의 한 시를 하나 소개하면서 글을 마무리하려고 한다.

생애나입신(生涯懶立身) 평생 입신출세하기에 너무 게을러
등등위천진(騰騰委天眞) 끝내 하늘이 준 천성에 맡겨서 산다.

낭중삼승미(囊中三升米) 자루에는 석 되의 쌀이 있고
노변일속신(爐邊一束薪) 아궁이 옆에는 한 묶음의 땔감이 있다.

수문미오적(誰問迷悟跡) 누가 나의 잘잘못을 묻겠나.
하지명리진(何知名利塵) 세상의 헛된 훈장 알 것 없구나.

야우초암되(夜雨草庵裡) 밤비 내리는 초막 안에서
양각신등한(両脚伸等閑) 두 다리 쭉 뻗치고 누워 있네.

6
법과 도덕

　남을 볼 때 언제나 나에게 위해(危害)를 줄 수도 있다고 생각하면, 사실 우리 자신의 안전도는 높아질 것이다. 특히 밤길을 갈 때, 상대방 쪽에서 오는 사람에 대해서 마음속에서나마 호신 수단을 강구하는 것이 좋다는 것이다. 요사이 흔히들 일어나는 젊은 여성들의 피해 사건을 신문에서 읽을 때마다 젊은 여성들은 밤길을 혼자 다녀서도 안 되고, 부득이 다녀야 할 때는 주위 사람들을 모름지기 가상 가해자로 의식하여야 한다는 것을 실감케 한다.

　한국은 그래도 치안확보에 있어서 일본과 함께 최선진에 있으니 다행이지만, 미국의 경우, 젊은 여성들이 밤거리를 마음놓고 다닐 수 없다고 한다. 미국에서 총기 휴대가 헌법 개정에 의해 보장되고, 이 총기 소유권 때문에 언제나 문제를 일으키고 있지만 지금 당장 바뀔 조짐은 없다. 자기 생명은 자기가 지킨다는 대원칙이긴 하지만, 결국 자기 이외의 어떤 사람도 신임할 수 없다는 것이다.

아무리 초라한 세대에서도 고문 변호사를 가지고 있어야 하고, 아무것도 아닌 일상생활 속에 일어나는 시비로써 살아가는 변호사 비율을 보면 미국은 3백 명당 1명인 데 비해, 일본의 경우는 6천6백 명당 1명인 것을 보아도 듣기 좋아 법치사회, 법치국가라고 하지만, 우리들 생리로서 쉽게 소화할 수 없는 사회·문화인 것이다. 이것은 한 마디로 말해서 사람의 마음을 믿지 말고 기록되어 있는 법문을 잣대로 살아야 한다는 것이다. 하루에도 몇 번씩이나 바뀌기 일쑤인 인간의 본성을 감안할 때 아주 지당한 조치일 것이다.

일념삼천십계호구(一念三千十界互具)라는 말이 있다. 사람의 마음은 우리가 보통 생각하듯이 온전한 것이 아니다. 하루에도 몇 번이나 부처가 되었다가 보살이 되고, 다시 아귀(餓鬼)가 되고 축생이 되는 것이다. 하기야 인간이 침팬지와 갈라지고 500만 년의 긴 세월 속에 도태되지 않고 살아남아 오늘을 이루고 있는 지혜는 선·악을 가리지 않고 모름지기 우리들 DNA에 저축하여 왔다.

법이란 사람이 만든 것이다. 아무리 정치하고, 조밀하게 촘촘히 짜여있는 법망이라 할지라도 그에 비례하여 빠져나갈 수 있는 틈바구니는 얼마든지 있다. 서양 속담에 '모든 법은 반드시 빠져 나갈 구멍이 있다(Every law has a loophole)'는 말이 상기된다.

여기서 대안으로 생각나는 것이 법 이상의 긴 역사와 관습 그리고 철학자들에 의해 만들어진 윤리·도덕률이다. 어떠한 간사한 무리도 자기 양심을 속이지 않고서는 이 윤리·도덕 망을 빠져나갈 수는 없다. 그러나 이 윤리·도덕률은 세상 사람들의 이목이 유일한 제재 수단이고 보니 '누가 보고 듣겠느냐'는 식으로 시·공간에서는 아무런 효능이 없다.

법 없이 살 수 없고 법만으로도 살 수 없는 인류의 업고를 탓할 수밖에 없다. 이 황당무계한 꿈이 오늘날 인류를 있게 하는 원동력이기도 하다. 그러므로 우리는 이 세상의 모든 감옥이 쓸모없이 되고, 동물원이나 물품 보관용 창고로 리모델링되는 날을 꿈꾸면서 살아나갈 수밖에 없다.

7
기초 학습

우리는 일상적으로 한 사람을 놓고 머리와 몸을 제각기 평가한다. 흔히들 '저 사람은 몸은 건장하나 머리가 좋지 않다', 그와 반대로 '저 사람은 머리는 좋은데 몸이 허약하다'라고 평가할 때가 있다. 머리도 좋고 몸도 건강하면 아주 복 많은 사람으로 부러워하고 칭찬을 아끼지 않는다. 하기야 타고난 좋은 머리, 건강한 몸도 많다.

요사이 DNA 이론의 발전으로 머리, 몸, 심성(Meme)까지 유전적 요인으로 치부한다. 타고났다는 것은 DNA에 이미 그렇게 청사진이 그려져 있어 후천적인 신체의 발육은 그 DNA 청사진의 자기완성에 불과하다는 이야기이다. 이름 모를 질병 같은 것은 말할 것도 없고, 뛰어난 재질이나 재능 등도 청사진으로 이미 그려져 있다는 것이다. 주크와 칼리카크(Juke & Kallikak)[1]의 예화는 유명하다. 그러나 똑같은 유전 인자를 지닌 경우에도 발현되지 않고 있는 경우는 더 많다고 하니, 그 DNA에서 발견되는 유전자 청사진은 건축물 청사진(Blue print)과는 달리 처방전(Recipe) 정도의 기능밖에 지니고 있지 않다는 것이다.

결국 요리에 있어서도 요리사의 솜씨에 따라 전혀 다른 요리가 탄생한다는 것이다. 똑같은 재료를 5명의 요리사에게 분배하여 만들어진 요리를 품평할 때, 5가지의 맛이 나온다는 것이다. 즉, 같은 재료이지만 각 요리사에게 미치는 환경적 차이, 양념, 칼질, 가열 방법 등 여러 가지 요소가 모두 같을 수 없으니 각각 다른 요리가 탄생할 수밖에 없다. 말하자면 수정란이 어머니 뱃속에서 착상될 때부터 이미 이와 같은 작용이 있다고 보는 것이 타당한 것이다. 임신 기간 동안 임부의 습생으로 적지 않은 영향을 받게 되는 것이다.

이와 같이 DNA에 관해서 길게 이야기한 것은 유전적인 머리, 건강을 인정하고, 후천적으로 성장하는 신체, 머리의 영향도 결코 적지 않다는 것을 처방전과 요리 솜씨로 설명한 것이다. 따라서 행복과 불행을 다 가지고 있는 특별한 천재를 예외로 하고, 일반적으로 사람들은 거의 비슷한 두뇌를 가지고 생활하고 있으며, 후천적 도야를 통하여 그 두뇌의 활용 영역이 혹은 넓게, 혹은 좁게 계발된다는 것을 말하고자 한 것이다.

일상적으로 사람들은 '저 아이는 머리가 좋다', 혹은 '저 아이는

---

1) 주크는 뉴욕 주에 실재한 한 집안의 가명(家名)으로서 빈곤, 범죄 등 악성 유전의 전형으로 알려져 있고, 같은 아버지의 이복동생인 칼리카크 집안은 우수한 인물을 많이 배출했다.

머리가 나쁘다'라고 할 때 그 평가하는 수단으로 학교에서 시행하는 시험 점수에 의지하고 있다. 그러나 우리 인류가 계발한 문화 분야는 아주 넓어 어디에 초점을 맞추어야 하는 것인지 어렵다. 글쓰기, 음악, 미술, 수학…… 등 끝이 없고, 수학이라 할지라도 영역별로 분야가 세분화되어 있으니 더욱 혼란스럽다. 이 중에서 예술 분야는 특히 선천적 영향이 크다는 것을 많은 학자들이 통계 기법을 활용해서 분석하고 있다.

그러나 일반적으로 통용되는 지식은 흡사 벽돌을 쌓아서 고층 건물을 세우듯 기초를 정확하게 다지고 쌓아올리면 얼마든지 고층화가 가능하다는 것이다. 세계적인 예술가를 겨냥하지 않은 경우는 예술 분야에 있어서도 기초가 있으면 얼마든지 상당한 수준의 예술가에 접근할 수 있다.

예를 들어 구구단을 암기하지 않고 계산력을 늘릴 수 없는 것과 같이 기초를 다진다는 것은 일정량의 지식을 암기한다는 것이다. 영어의 경우 영어 단어, 숙어 그리고 기초 문법 구문을 정확하게 많이 기억하여야 한다는 것이다. 여기서 기초를 기억한다는 것은 기초를 저장한다는 것이다. 예·체능 분야에서 일정한 형(型)을 머리나 몸 속에 저장한다는 뜻이다. 형은 달인(達人)이 그 영역의 기(技)를 모두 숙지하고 누구에게 통용되도록 꾸민 기본 교육 프로그램이기도 하다.

옛날부터 어떤 어려운 글도 백 번 읽으면 뜻이 저절로 통한다는 이야기가 있다. 백 번 읽는다는 것은 그 글을 모두 암기한다는 것이며 암기할 때 그 뜻이 스스로 통한다는 것이다. 예·체능 분야 가운데 미술에서 '데생(Dessin) 능력', 골프에서 '스윙 능력'과 같은 것들은 '형을 만든다'고 하며, 외국어 학습에 있어서는 일정한 단어, 숙어, 기본 문법의 구문을 암기하지 않고 목표하는 외국어의 숙련을 바라지 못할 것이다. 그래서 '기초'를 다져야만 한다. '기초'와 '형'을 토대로 해서 '창의력'을 가져다주는 동기 부여가 된다. 분자생물학에서 말하는 줄기세포 즉, 만능세포와 같은 역할을 맡아하는 것이다.

그리고 이 '기초'와 '형'의 획득에는 일종의 강제성과 인내가 동반된다. 흔히 '수학도 암기과목이냐?'고 반문할 것이다. 수학 역시 '기초'를 가장 필요로 하는 학문이고 보니 암기해야 할 양이 비교적 많은 과목이다. '구구단'은 그 한 예라 할 수 있다. 수학 잘하기로 유명한 인도에서는 '구십구단'을 암기시킨다고 한다. 암기한다고 하는 것은 그 객체가 의식하지 않고 무의식적으로 나오도록 하는 상황을 말한다.

우리가 좋아하는 시조 한 수를 암기한다고 하면, 우리는 시조가 지니고 있는 정서나 구문의 아름다움을 송두리째 이해한다고 보면 된다. 우리가 자전거나 자동차 운전을 배울 때, 혹은 그것을 배우고 나서 숙련되었을 때를 상기해 보면, 처음에는 의식적으로 동작한다. 이것은 '기초'를 쌓아올리는 과정일 것이다. 그리고 나서 이것이 되풀이되는 과정에서 암기되어 암묵지(暗黙知)에 넘겨진다. 우리는 무의식중에 자전거나 자동차의 핸들을 조작하는 것이다.

두뇌의 발달과 두뇌 이외의 다른 신체 부위의 발달은 똑같이 일정한 훈련이 필요하다는 것이다. 우리는 일단 지식을 일정량 획득하였을 때, 그 활용 능력 즉, 창의력, 문제 해결력이 자동적으로 생기게 된다. 이렇게 될 때 기초학습이 종합학습으로 결실을 맺게 되는 것이다.

마지막으로 우리 국어의 훈련과정은 전 학문분야 이해에 기초가 된다는 것을 강조하고자 한다. 나아가서 독자에게 한 가지 제안을 하고 싶다. 피타고라스 정의를 우리 국어로써 가장 간명(簡明), 명석하게 증명해 보라고.

8
양심선언

양심(良心)이라는 말은 아무래도 맹자의 성선설(性善說)에 그 출처를 찾아야 할 것 같다. 어떤 악인(惡人)도, 아니 어느 누구라도 마음속 깊은 곳에는 선과 악을 구분 짓는 잣대를 가지고 있으며, 항상 이 잣대가 나침반의 남·북극을 가리키듯 선·악을 가리키게 된다. 결국 착한 사람이 착한 일을 하는 것은 그 나침반의 선극(善極)에 따라 행동한다는 것이다. 반면 악인이 악한 행동을 할 때는 나침반의 가르침을 거슬러야 한다는 것을 의식한다는 것이다. 이것이 곧 '양심'의 본질이라고 생각하고 어떤 악인도 악한 행동을 할 때는 '양심'의 저항을 받게 마련이다.

양심선언이란 이처럼 '양심'의 저항에 굴복하여 선극을 따르자는 선언이다. 그런데 오늘날 '양심선언'은 '내부고발'의 형식으로 발현되고 있다. 다음은 논어(論語)의 자로편(子路篇)에 실려 있는 공자(孔子)와 엽공(葉公)의 대화 내용이다.

어느 날 엽공(葉公)이 공자께 묻기를 "저희들 마을에 정직하기로 유명한 궁(躬)이라는 사람이 있습니다. 그의 아비가 양(羊)을 훔쳐왔는데 자식인 궁은 곧장 관가에 고발하였습니다." 이 이야기를 듣고 공자는 대답하였습니다. "우리 동네에서 정직한 사람은 그것과 다르다. 아비와 자식은 서로 죄를 덮어주고 아비는 자식을 위해 자식은 아비를 위해 죄를 숨겨둔다. 정직이라는 것은 원래 이와 같은 자연스러운 인간의 마음속에 있는 것이다."

이와 같은 이야기를 서양 사람에게 한다면 크게 당황할 것이다. 부자의 정은 어디까지나 생물학적 정이며, 그가 한 도둑질은 법으로 다스리는 것이 정당하다고 반문할 것이다. 반면, 동양 사람들이 들을 때는 나름대로 이해가 간다는 반응이 나올 것이다. 흔히 '범죄'와 '죄악'은 비슷하지만 전혀 다르다는 동양적 사고이다.

극빈자가 집세 낼 돈이 없어 소유주와 계약을 지키지 못해 거리에 쫓겨나게 되었다고 하면, 세인들은 소유주에게 죄의식을 씌우게 되고, 세입자의 약속 불이행이라는 범죄 행위에 대해서는 아주 너그러운 태도를 취할 것이다. 이와 같은 예화는 우리 주위에 비일비재하다고 본다.

여기서 다시 앞에서 거론한 '양심선언'과 '내부고발'에 대해 천연스러운 마음으로 재검토를 해 보자. '양심선언'이란 제각기 그 내용이 조금씩 다르지만, 지금까지 본의 아니게 해온 일이 사회 윤리적으로 견디기 어려워 그것을 세상에 폭로하고 내 마음에 쌓인 앙금을 씻어내 보겠다는 것이다. 굴원이 명라수에 투신자살한 것은 그가 지은 죗값으로 국외 추방령이 내려진 까닭이라고 한다. 국가적 왕따를 당하기보다는 죽어버리는 것이 그의 아픈 마음을 위로할 수 있다고 생각한 것이다.

일본의 경우는 '내부고발자'는 무라하치부(村八分)라는 소속 집단에서 추방이라는 죄과를 가했다. 이 무라하치부는 사형 이상의 중죄에 해당되었다. 공동체의 한 구성원이 그의 '양심선언'이나 '내부고발'로 자기 마음에 울적해 있던 대사회(對社會)의 부채감이나 죄악감이 깨끗이 청산되고 또한 원풀이에 가까운 목표도 달성될 수 있을 것이다. 그러나 이 부분적인 대증요법, 부분적 수술이 남기는 사회전반에 미치는 부작용을 공자님은 우려했던 것 같다. 공자님은 아마 자식이 아비를 고발하는 '양심선언적' 형태가 자식과 아비와의 상호불신을 넘어 사회적인 불신풍조의 싹을 키울지도 모른다고 생각하였을 것이다.

가만히 생각하면, 오늘날 우리 주위에 만연되고 있는 '불신풍조' 속에서도 우리는 '불신' 위에서가 아니라 '상호신뢰'라는 대원칙 하에 모든 사회생활을 영위하고 있다. 남의 보증을 서서 신용불량자가 되어 개인 파산하는 사람이 속출하는 것을 두 눈으로 똑똑히 보면서도 보증을 서야 하는 경우가 적지 않다.

일만 미터의 상공 위에서 10시간 이상이나 견뎌야 하는 태평양 횡단여행도 우리는 항공기의 성능뿐 아니라 조종사의 기량이나 성실성을 믿고 태연스레 잠을 청하는 것이다. 사회주의, 공산주의 체제가 느닷없이 소리를 내며 무너지는 것은 '인간신뢰'를 기본 바탕으로 하는 사회주의 사회에서 '인간불신'으로 이탈한 까닭이라고 할 수 있다. 공산주의 사회에 있어서 인간불신은 그 팬옵티콘(Panopticon)[1] 같은 중앙감시(中央監視) 제도에서 그 극에 달하고 만다. 우리가 의식하든 안 하든 우리가 살고 있는 이 공동체는 어느 분야를 막론하고 그 밑바닥에 상호신뢰가 깔려 있는 것이다.

중국 문화 혁명의 소용돌이 속에서 임표, 유소기가 그의 아들의 밀고에 의해 처형되었다는 것이 너무 끔찍한 예화가 되는 것 같다. "나는 생각한다. 고로 존재한다"에서 시작한 합리주의가 과학(科學)을 낳았고, 서양 사람들은 합리주의적인 사고방식으로 모든 것에 일단 '의문'을 가진다는 전제가 있다. 그들은 그 '의문' 속에서 불안을 해소하기 위하여 유일신과의 계약을 하게 된다. 사회가 표류하는 것을 막기 위한 거대한 닻의 역할을 신에게 맡긴다. 그러나 이와 같은 유일신을 잉태하지 못한 아시아에서는 사회 붕괴를 막기 위해 신(信)을 낳았다. 이것은 사회 붕괴를 막기 위한 거대한 기둥이다. 그러므로 아시아 사회에서 '내부고발'이나 '양심선언'은 자칫하면 신(信)을 파기할 수도 있다는 것을 명심해야 한다.

---

1) 주위를 감시하기 위한 원형 형무소.

9

가장의 위상

황급히 대문간에 들어서니까 아버지가 툇마루에 앉아 하시는 일 없이 정원을 보고 계신다. 순간적으로 일종의 두려움과 긴장감 같은 것을 느껴, 옷깃을 여미고 그야말로 꼬리를 살그머니 내리면서 외양간 쪽으로 몸을 숨겼다. 실은 바깥에서 일어난 황당무계한 광경1)을 어머니에게 보고하려고 뛰어들어 왔던 참이었다. 그러나 어머니가 아닌 아버지와 마주친 순간 아버지에게는 이야기할 거리가 아니라고 판단했던 까닭이었다.

아마 내 나이 일곱이나 여덟 살 때의 기억이다. 거리에서 본 광경도 그렇거니와, 나에게 아버지는 항상 두려움의 대상이었다. 그렇다고 아버지가 까닭 없이 야단을 친다든지 아이들의 언행에 여러

---

1) 많은 사람들이 정신이 온전하지 않은 어떤 여자가 온갖 횡설수설한 이야기로 떠들고 있는 모습을 한참동안 구경하고 있었다.

가지 어려운 주문을 하지도 않았지만, 어쩐지 아버지와의 사이에는 넘을 수 없는 큰 문턱이 있었으며, 아버지 앞에 설 때나 앉을 때는 나도 모르게 옷매무새를 고치곤 하였던 것이다. 일종의 불가사의한 엄격한 위상을 아버지는 가지고 계셨던 것이다.

이 이야기를 써 내려가다가 문득 이웃나라 속담에 이 세상에서 가장 무서운 것 세 가지를 '지진', '천둥', '아버지'라고 말한 것이 생각난다. 아버지는 집에서 말씀이 적었고, 꼭 필요한 것만을 말씀하시니 함부로 이야기를 걸기가 어려웠던 것 같다. 서두에 아버지에 대한 두려움이라고 하였는데 이것은 곧 아버지에 대한 절대적 존경심을 표현하기 위한 까닭이다. 말씀이 많지는 않지만 한 번 말씀하신 것은 꼭 지켜져야 하고 그 말씀에도 절대적인 타당성을 내포하고 있었다는 것을 내 나이 칠십 언저리에서 깨닫게 된다.

오늘날의 젊은 아버지가 보여주는 고무줄 같은 탄력성을 그런 대로 긍정적으로 평가하고 싶으면서도 지난날 아버지의 그 엄격하고 절도 있는 사랑이 그리워지는 것은 웬일일까? 이와 유사한 말에는 '권위(Authority)'라는 말이 있다. '권위'는 오늘날 부정적인 파생어를 많이 만들었다. 권위적, 권위주의 같은 것이다. 결과적으로 '권위'의 원천적인 가치도 함께 손상을 입게 되었다. 사실 '권위'와 '권위주의'는 전혀 별개의 말로 정의되어야 한다. '권위'는 건물로 비유할 때 기둥, 배를 비유할 때 돛 같은 절대적으로 필요 불가결의 개념이다. 기둥 없는 집이나 돛 없는 배를 생각할 수 없는 것과 같은 것이다.

학교에서 교사나 교수의 지위가 추락되어 버린 오늘날이다. 교사나 교수가 학생을 평가하는 것이 아니라 그 반대가 필요하다고 하는 세상이다. 교수가 권위주의가 되어서는 안 되겠지만 '권위' 없는 강의를 해서는 더욱 안 될 것이다. 가정에서 가장의 권위가 추락되었을 때를 생각해보자. 기둥 없는 집이다. 기둥의 한자는 '柱(주)' 자를 쓰는데 나무에 주인이 기대고 있는 것이다.

가정 내에서는 또한 주부의 권위를 필요로 한다. 자제들을 키우는데 햇살과 같은 엄격함과 달빛이나 밤이슬 같은 인자하고 부드러운 어머니 권위가 필요하다. 햇빛과 달빛으로 아이들은 건전한 사고를 가진 사람으로 자랄 수 있는 것이다.

또한 유사한 말로 카리스마(Charisma)라는 것이 있다. 카리스마는 희랍어에서 나온 말이지만, 사전에서는 보통 '초인간적 비일상적 자질'로 되어 있다. 이것은 정치적 통치자에 쓰이며 일종의 거대한 권위를 뜻한다고 볼 수 있다. 큰 기업체의 CEO나 한 나라의 원수가 지녀야 하는 자질이라고 할 수 있다. CEO가 만약 이 카리스마적 리더십이 부족할 때 그 기업체는 리더십과 생산 능력을 잃게 된다. 또 통치자가 카리스마 성(性)이 결여될 경우, 국민들의 단결력과 협동심은 현저히 저하될 것이다.

10

조선조 막사발

임제록(臨齊錄)[1]에 '무사(無事)의 미(美)'라는 것이 있다. 쉽게 풀이하면 명성(名聲)을 얻고자 하는 것도, 무슨 이득을 취하자는 것도 아니고, 그냥 손끝이 가는 대로 무심(無心), 무의식(無意識) 속에 만들어지는 작품(作品)이 지니게 되는 미(美)를 그렇게 부르고 있다. 여기서 문득 생각나는 것이 조선조 백자 막사발이다. 어느 분야에서도 그러했듯이 유교적 도덕률의 영향을 받아 선비들의 위상은 높았으나 공인들의 위상은 상대적으로 낮았던 시대였다.

불교의 선종 파에서는 몸을 움직여 하는 일들, 즉 작업(作業)에 대해서 높은 가치를 두었다. 만약 조선조의 숭유억불 정책이 없었다고 하면 우리나라 공인들의 위상도 많이 달라졌을 것으로 생각한다. 어떻든 공인이나 도공들의 낮은 위상은 결코 좋은 대접을 받지

---

1) 선종(禪宗)의 일파(一派), 그 원조를 임제(臨濟)로 하고 있다.

못하였고, 아주 천한 직업으로 멸시 당하였다. 그래도 그 당시 우리들의 생활 속에 음식이나 곡식을 담는 데 긴요하게 쓰이는 도구 중 목기나 대나무 세공품으로 대신할 수 없는 것은 도자기가 그 역할을 맡았으니 그 수요가 가히 짐작이 된다.

그리고 이 도자기 제품은 사용 과정에서 깨어지는 경우도 많아, 큰 용량의 항아리나 독 같은 종류는 대나무나 철사로 태를 메워 재생시킬 수 있었으나 밥사발, 국사발은 폐기할 수밖에 없었다. 그 수요를 충당하기 위해 도공들의 일손은 항상 바빴다.

조선시대 막사발

또한 점토성이 있는 흙을 곱게 쳐서 물로 으깨어 그릇을 만드는 기술은 상당한 숙련을 요하는 전문직이다. 사회적으로 천대 받았다고는 하나 그들은 그들 나름대로 특유의 자긍심을 지니고 있었다. 도공들은 제각기 하루의 작업량을 할당받아 그 숫자를 채울 때까지 열심히 물레를 돌렸다. 이와 함께 그들이 만드는 사발들이 소비자들의 사랑을 받아야 한다는 욕심도 있었으나 그 이상의 작품성, 예술적 품위까지는 생각이 미치지 않았다.

때로는 묽스그레한 탁주로 목을 축이며 반취 상태에서, 저절로 나

오는 콧노래에 장단 맞추어가며 작업을 하는 경우도 있었을 것이다. 혹은 한풀이를 반추하면서 물레를 돌렸다. 그러는 동안 그릇 모양이 완성되면 늘 그렇게 했듯이 해온 솜씨로 마무리 작업을 하였다.

임진왜란 때 왜병들은 그들이 철수할 때 전리품으로 온갖 것들을 그들 나라에 가지고 갔는데, 그 중에는 막사발 종류가 많이 포함되어 있다. 왜병들 눈에 막사발이 눈에 띄게 된 것은 그들 나라에서 일상적으로 사용하고 있는 그릇과는 어딘지 모르게 달라 보였기 때문이다. 또 가지고 돌아가는 데 무게나 크기가 적당했다. 특히 섬진강을 거슬러 올라간 왜군은 주로 시마즈번(島津藩國)의 소속으로 이들이 가장 많은 사발들을 가지고 간 것 같다. 왜냐하면 그 당시 이곳 섬진강 유역에는 도토(陶土)가 많이 산출되는 환경적 조건으로 도요(陶窯)들이 많이 자리 잡고 있었던 것이다.

그 당시 일본 내에 차를 마시는 풍습이 유행처럼 번지고 있었다. 이 차의 일본 상륙은 400여 년 전 가마쿠라 막부시대의 일본 유학 승들이 양자강 유역에 뿌리 내리고 있던 불교의 한 종파인 선(禪)을 터득하는 좌선 과정에서 잠을 쫓기 위한 수단으로 차를 마시는 것을 배웠다. 이와 같이 차는 다른 끽음물인 술이나 담배와는 달리 득도(得道) 과정의 매개물처럼 인지되어 처음부터 약간의 격식을 갖추었던 것 같다.

마침 센노리큐(千利休)란 선사가 그 끽다(喫茶) 과정을 아주 정치하게 흥행화하여 특유의 '차 마시는 도리' 곧 '다도'라는 것을 만들었다. 그리고 이 '다도'의 궁극적 이념을 '와비(佗)'란 말로 대치하고 '와비'는 곧 '청빈 사상'과 '소박미'로서 그들의 정신세계를 지향하였던 것이다. 이러한 미의식을 그들은 임진란에서 돌아온 왜병들의 전리품 중 하나인 막사발에서 홀연히 발견했다. 소박하면서 그릇 만든 사람의 제작 욕심이 전혀 노출되지 않는 노송(老松)이 두르게 된 나무비늘 같은 가이라기(梅花皮)[2] 등 센노리큐는 이 '막사발'에 그가 꿈에 그리던 '와비'의 꽃을 보았던 것 같다. 말하자면 그는 일반인이 가지지 못한, '미'의 창고를 열 수 있는 열쇠를 갖고 있었던 것이다.

모든 예술품이 그러하듯이 그가 지니는 미는 누구에게나 쉽게 나타내지 않는다. 열쇠를 가진 사람만이 열 수 있다. 그 열쇠란 곧 그 사람이 그동안 갈고 닦아온 눈높이가 된다. 그러나 순수 예술의 경우 그 사람만이 지니고 있는 초현실적 감성에 의지하는 수밖에 없을 경우도 있다. 칸딘스키나 마티스의 그림에서 누구나가 감동을 받을 수는 없다. 그림이 지니는 선율과 보는 자의 감성의 선율이 공명을 일으켜야 하는 까닭이다.

피카소는 중학교 3학년 즈음에 이미 미켈란젤로와 동등한 사실력을 가지고 있었다고 한다. 피카소의 만화 같은 그림은 그와 같은

---

[2] 다도에서 이도다완의 아름다움을 표현하는 것이다. 사발의 굽 사이에 이른 봄의 이슬처럼 동그랗게 맺혀 있는 유약은 조선 도공의 슬픈 눈물 같이 아름답다. 이것을 유 방울이라 부른다. 그리고 일본 차인들은 이것을 가이라기(梅花皮)라 부른다.

기본 사실력을 거쳐 변신한 것이다. 조선조 백자 막사발이 갖는 소박한 미는 하루 수백 개, 그리고 수십 년 계속해 온 확실한 기본 조형력을 거쳐 변신한 것이라고 할 수 있을 것이다.

피카소와 마티스 그리고 우리 막사발 도공들의 머릿속에는 그냥 황무지로 방치한 영역을 아주 비옥하게 경작하여 씨만 떨어지면 곧 발아할 수 있는 상태로 준비되어 있다. 보통 사람들에게는 보잘것없는 막사발도 센노리큐의 '뇌내(腦內)리조트'에서는 그 '아름다움'이 싹트고 꽃필 수 있는 경작된 영역이 있었다고 봐야 할 것이다.

11
게임 뇌

뇌신경학자들은 온라인 게임을 할 때 뇌 전두엽 전야는 전혀 활동하지 않는다고 한다. 이 부분은 입력된 정보를 점검하여 알맞은 대응책을 강구하는 곳이다. 그러므로 게임에만 몰두하는 세칭 '게임 뇌'라든지, TV에 몰두하는 TV뇌는 발작적인 행동을 유발하기 쉬우며 요사이 문제가 되어있는 단락적 증후군을 일으키기 쉽다는 것이다.

어떤 학자가 '참는 힘'을 관장하고 있는 뇌 전두엽의 활동을 실험한 결과 최근 30년 동안에 '참는 힘'이 아주 약화되었다는 보고도 있다. 구체적인 사례로 충동 살인범의 경우 대체적으로 전두엽의 기능이 떨어져 있으나, 연속 살인범의 경우는 전두엽의 기능에 별 이상이 발견되지 않더라는 것이다. 연속 살인의 경우 뇌의 편두체 부분 활동이 활발하였다는 결과가 나타났다고 한다. 연속 살인은 치밀한 계획하에 이루어지는 것이고 보니 충동적 살인과는 뇌 신경적 측면에서 볼 때 정반대 현상을 나타내는 것은 당연하다.

전두엽은 행동하기 전에 이것저것 검토, 판단하는 일을 맡아 보고 있으니 자동차를 비유할 때 안전운전을 위한 브레이크 기능과 같다. 전두엽 부분의 기능이 활성화되어 있다는 것은 브레이크 장치가 완벽한 것과 같으며 가장 안전도가 높은 자동차라 할 수 있다. 그리고 또 뇌 학자들에 의하면 우리 뇌의 좌측 반구와 우측 반구는 그 역할과 기능이 전혀 다르다.

우측 반구는 우리의 정감적 기능을 맡고 있어서 즐겁게 재미있게 사는 데 도움이 된다고 하며, 좌측 반구는 논리적인 사고의 방법을 유도한다는 것이다. 그래서 우뇌를 흔히 음악뇌라고 하며, 좌뇌는 언어뇌라고도 호칭한다. 그리고 그 우뇌와 좌뇌는 뇌량(腦梁)이라는 신경세포다발로 연결되어 있다. 이 다발이 여자들의 경우 남자들보다 훨씬 발달되어 있어 정서적인 현상을 논리적으로 처리하거나 논리적인 것을 정서적으로 처리하는 경향이 훨씬 쉽게 이루어진다고 한다.

이 양반구의 뇌 기능도 그 사람이 쓰고 있는 언어에 따라 상당한 차이를 보인다고 주장하는 학자도 있다. 일본인의 경우 그들이 사용하는 일본어가 대부분 모음 종성으로, 기본 모음인 아(あ), 이(い), 우(う), 에(え), 오(お) 다섯 가지의 모음에 비중을 두는 뇌로서 자음 종성이 많은 한국어나 영어를 사용하는 사람들과는 좌뇌와 우뇌의 기능이 약간 다르다는 것이다.

이를테면 자연의 소리를 한국 사람은 우뇌로써 일단 받아들이지만 일본인의 경우는 좌뇌에서 받아들이는 경향이 있다는 것이다. 왜냐하면 자연의 소리인 바람 소리, 물소리는 그 진동의 스펙트럼이 모음과 비슷하다. 그래서 모음 편중의 언어생활을 하는 사람들은 자연 소리와 모음 편중의 언어와의 유사점 때문에 무의식적으로 언어로 받아들인다는 것이다. 이와 같은 언어 사용 민족들은 정서 영역과 언어 영역이 서로 혼선을 일으켜 애매모호함을 자연스럽게 받아들이기 쉽다.

일종의 가(可), 불가(不可)의 명석성보다 가(可), 불가(不可)의 사이에 깔려 있는 회색의 오솔길을 거니는 것을 속편하게 느끼는 정서를 키워왔다고 할 수 있다. 한국인의 경우라면 가(可)면 가(可), 불가(不可)이면 불가(不可)로 선을 긋는 것을 판단의 원칙으로 생각하고 있으나, 일본인의 경우는 선을 긋는 것을 좋아하지 않는 것 같다.

예를 들면, 일본인의 경우 가(可), 부(否)의 판단이 요청될 때, 면 분단 정도로서 즉 정성 분석정도로서 만족한다. 우리의 경우는 선 분단이 필요하며, 정량 분석까지 파고들어가야 적성이 풀리는 뇌적 특징을 지니고 있다. 결과적으로 한국인의 명석한 선 분단적 판단 기준으로 볼 때, 그들의 면 분단적 판단은 일종의 판단 기피로 느껴진다. 따라서 면종복배란 아주 비열한 이중인격 이중판단으로 보일 수도 있다. 우리는 이와 같은 면을 '야누스'적 얼굴을 가진 일본인이라고 하고, 서양인들은 '마스크를 벗은 얼굴을 보여 달라'고 하는 것도 우연이 아닐 것이다. 그렇지만 서로 각기 다른 문화적 차이는 이해해야 될 것이다.

게임 뇌 이야기가 자칫 엉뚱한 일본인 뇌 이야기로 번져 나갔다. 여기서 다시 궤도 수정을 하자. 게임 뇌의 경우는 결국 시각을 통하여 뇌에 받아들일 정보가 뇌 전두엽을 거치지 않고 반사적으로 행동으로 옮겨진다는 단락적 증후군을 키운다는 두려움에서 나온 말이다. 운전을 비유할 때 브레이크를 서서히 풀면서 드라이브로 옮아가는 과정을 단락적으로 생략하여 당장 가속기를 밟는 것과 같다.

흔히 문제가 되어있는 자동차의 급발진 현상이 곧 단락적 증후군이다. 의학에서 말하는 무릎 반응 같은 것이다. 본인의 의식과는 관계없이 고무망치로 무릎을 치면 발이 앞으로 흔들거리는 것이다. 혹은 한밤중 길 가운데 무엇인가 길쭉한 것이 움직일 때 우리는 무릎 반응과 똑같은 반응을 보인다. 그냥 껑충 앞으로 도약해버린다.

인류가 공통적으로 보이는 '뱀을 무서워하는 증후군(Ophidophobia)'이다. 이 증후군도 사실은 타고 난 것이 아니라 생활해 나가는 과정에서 배운 것이다. 즉 뱀이 없는 지역 이를테면 하와이나 울릉도 같은 곳에서 태어나 성장한 사람이 훗날 뱀 공포증에 대한 지식을 일체 접하지 않을 경우 그와 같은 반응을 보이지 않을 것이다.

게임뇌 역시 긴 시간 동안 아침에서 저녁까지 게임에 몰두하다가 보니 무릎 반응 같은 반응을 보이는 것이다. 그냥 아무런 생각 없이 키보드를 치고 있을 따름이다. 단락적인 반응을 일으키고 있으니 전두엽은 조금도 관여할 여지를 주지 않는 것이다.

12

남의 이목이 우리 윤리의 잣대

흔히 성서(聖書)는 서양인(西洋人)을 키워왔고, 사회 이목은 동양인(東洋人)을 키워왔다고 한다. 말하자면 성서(聖書), 코란에서 명시하고 있는 신(神)과 사람의 약속은 절대 신과의 약속이고 보니 그것을 소홀히 할 수는 없을 것이다. 반면, 이와 같은 유일신과의 약속을 맺고 있지 않는 동양의 경우 언제나 주위 사람들이 던지는 시선을 길잡이로 삼을 수밖에 없다는 것을 상기할 때, 동양인들의 마음속에 깊이 뿌리내리게 된 세상 이목이라는 것은 절대적이라고 할 수 있다.

'하늘이 보고 땅이 듣는다'는 말이 있다. 이것은 곧 언제 어디에서도 남의 눈과 귀가 깔려 있다는 것이다. 그러고 보니 남이 절대로 보지 못하는 공간과 시간이 조성되어 있는 곳에서는 아주 엉뚱한 행동도 할 수 있다는 가정이 성립된다. 그러나 여기에는 한 가지 문제가 제기된다. 세상 이목이 항상 일정한 눈금의 잣대 같지는 않고 시대와 공간에 따라 흔들리고 있을 뿐 아니라 오늘날 같이 소위 만성적 질환으로 변질되어 버렸을 때를 상기하자.

'바늘 도둑이 소도둑 된다'고 하는 '악의 진부화' 현상이 일어나고 있는 오늘날 '세상이목'은 전혀 '사회 정의'를 측정하는 잣대가 되지 못한다. 나치 독일에 있어서 많은 유태인을 계획적으로 살해한 경우를 생각해 보자. 이 인류 역사상 미증유의 유태인 학살 만행을 저지른 원흉을 히틀러 한 사람, 혹은 그를 따르는 소수 나치 추종자로 보지만, 사실 '독일 국민의 묵인'이라고도 볼 수 있을 것이다.

한나 아렌트(Hanna Arendt, 1906~1975)가 말하는 '악의 진부화 (Banality of Evil)' 현상이 일어났다고 할 수 있다. 바늘 도둑이 소도둑이 되었다고 하였는데 처음 '바늘 도둑'에는 비난의 화살이 꽂혀지나 그것을 관례화하여 소 도둑도 별것 아닌 것으로 되어버렸다는 현상이다. 이와 같이 '대량 학살'의 비극도 독일 국민에 올바른 이목을 유지하고 있었다면 실현 불가능하였을 것이다. 그리고 '신과의 약속'을 전제로 하는 서구 기독교 문화도 나치 히틀러의 머릿속에는 전혀 엉뚱하게 기능하기 시작한다. 그는 그의 잔악 행위의 당위성을 입증하기 위하여 성서도 활용하고 있다. 흔히 악마도 성서를 활용하고 있다는 말이다. 그는 유태인을 지구상의 '악의 본질'로 간주하였던 것이다.

성서에서 예수님이 흘린 피에 대한 책임은 우리들 자손에게 있다[1]고 하였으니 나치는 '악'을 지구상에서 말살하였을 뿐이고, 예수를 십자가에 못 박은 유태인들은 그 대가를 치른 것이 아니고 무엇일까?

11세기 초에 우리와 비슷한 쾌거를 우르바노 2세(Urbanus II, 1042?~1099)는 외쳤지 않았느냐고 히틀러는 생각했을 것이다. 사실 이 교황은 십자군(十字軍)을 일으킨 사람으로 십자군 원정을 '신(神)의 뜻'이라고 하였던 것이다. 오늘날도 이슬람교의 대 크리스트교 불신의 씨앗이 이때 뿌려졌는지도 모른다. 오늘날 세상 사람들을 공포의 도가니에 몰아넣고 있는 이슬람교 과격파의 태도와 행위도 같은 맥락에서 풀이되는 것이다. 곧 이슬람적 르상티망(Ressentiment)이 그것이다.

이렇게 되고 보니 성서나 코란에서 성장된 문화도 사회이목에서 성장되어 온 문화도 결국 넘을 수 없는 한계점에서 온 것이다. 오늘날 중동 지역 난기류 발생의 일번지로 지목되고 있는 이스라엘 팔레스티나(Palestina)[2) 사이의 분쟁도 여기에 있다. 이스라엘의 랍비들은 구약성서에 쓰여 있는 대로 '실지 회복'이며, 팔레스티나 측에는 2000년을 살아온 고향 땅의 회복일 것이다. 이렇게 볼 때 '신의 감시'나 '사회 이목의 감시' 어느 것을 윤리 도덕의 잣대로 잡는다 하더라도 언제나 극우화 즉 이데올로기화의 위험성을 내포하고 있으며, 결국 각자의 마음 안에서 어떻게 기능하는가에 달려 있다는 것을 알 수 있다.

1) 마태복음 27장 25절.
2) 팔레스타인의 라틴어 이름.

13
잡목 숲과 경제림

오늘날에는 그런 광경을 볼 수 없지만, 옛날에는 들판 군데군데에 삼밭이 점재하고 있었다. 삼밭이란 대마를 재배하여 삼베 섬유를 얻자는 것이며, 흔히 삼밭에서 늑대들이 보금자리를 트는 그런 시대였기도 하다.

지금은 그런 삼밭도 '대마초' 바람이 불어 엄격한 통제하에 재배되고 있으며 그 밭에 둥지를 트는 늑대도 우리가 알기로는 남한 땅에서는 멸종된 것 같다. 그런데 이 삼밭에는 대마 이외에 다른 식물즉, 잡초들이 자라지 못한다. 삼대들이 다른 식물의 뿌리권이나 일조권을 완전히 독점하고 있는 까닭이다.

흔히 경제림 조성이라고 하여 같은 종류의 나무를 밀식하였을 때도 같은 현상이 일어난다고 한다. 일본의 경우 경제림이라는 이름으로 삼나무(杉)나 편백나무의 조림에 지속적 노력을 기울여왔다. 덕분에 보기에도 탐스러운 삼나무, 편백나무의 숲이 만들어지고 흡사 지금 이야기한 대마밭 같은 단순림(單純林)을 만들어 왔다. 결국 이와 같은 경제림 속에 들어가면 첫인상은 숲이 주는 아름다움과 함께 무엇인가 답답하고 때로는 불안감마저 자아내게 한다.

울창한 삼나무 숲 아래는 죽음의 영역이다. 잡초들은 거의 없으며, 짐승들의 먹이가 될 만한 열매가 열리는 관목들도 없고, 햇빛이 완전 차단되니 다른 곤충이나 야생풀들도 자랄 수가 없는 공간이 되어 있다. 이와 반대로 열대 정글이 아닐지라도 온대 잡목 숲을 생각해 보자. 손쉬운 보기로는 지리산 뱀사골 계곡이나, 피아골 계곡을 연상하면 된다.

온갖 잡목들이 서로 경쟁하듯이 번무하고 있다. 키가 큰 나무, 작은 나무들이 서로 햇빛을 향하여 쭉쭉 뻗어 있으며, 때로는 앞을 다퉈 생명의 아름다움을 뽐내고 있다. 이 덕택으로 온갖 산새나 벌레들이 땅 위나 땅 속에서 제각기의 생활을 영위하고 있다.

조림 녹화라 하면 우리는 일본에 시선을 던지는 것이 일쑤였고, 조림 녹화에 있어서 우리가 일본에서 받은 충격이 확실히 크다. 일본의 경우 최근 그들이 자랑하던 단일 종목의 경제림 녹화에서 크게 한 걸음 물러나와 잡목림 조성에 힘을 넣기 시작하였다고 한다. 전체 산림의 풍요성은 그 산림에서 흐르는 계곡에 많은 영양분을 흘러 보내고 있어, 근해 어업 양식에 결정적인 영향을 끼친다는 것을 최근 알게 되었다고 한다. 이처럼 풍요한 산림 생태는 연해안 생태로 이어진다는 것이다.

또한 일본인들이 옛날부터 지켜온 진주노모리(鎭守森)는 한 동네의 수호신을 모신 곳인데, 이 주위에 형성되어 있는 전통적인 숲은 그 세월과 더불어 희귀한 수목 종류의 인자들을 많이 저장하고 있다. 오늘날과 같이 식물 종자 인자의 중요성을 인식하게 되고부터는 귀중한 인자은행의 역할을 맡고 있다.

영국의 경우 과거 식민지 시대에 가는 곳마다 첫째 과업으로 그지방에 왕립 식물원을 조성하고 유능한 식물학자를 파견하여 식물종의 수집에 종사하게 하고 그 일부를 반드시 본국 큐왕립식물원(Kiew Gardens)에 옮겨 아마 세계 최대의 거대한 식물 박람회 역할을 하고 있다. 최근 컴퓨터의 힘을 빌려 그들 식물의 성분 분석에 박차를 가하고 있다고 하나, 워낙 그 식물종이 많아서 겨우 첫발은 내디딘 데 불과하다는 것이다.

큐왕립식물원(Kiew Gardens)

오늘날 다시 주목받게 된 전통적인 허브 요법의 활성화로 식물원의 역할은 앞으로 더욱더 커지게 될 것이다. 난치병의 경우 한방에 의한 온갖 치료 가능성을 이야기하고 있는데, 우리 인류가 지구 구석구석에서 수만 년, 수천 년 동안에 찾아내어 활용하고 있는 허브의 효능을 과소평가해서는 안 될 것이다. 동·식물의 다양화 지향은 곧 우리 인류 문화의 다양화와 비유된다. 비근한 예로 지금 지구상에는 많은 소수 민족들이 살고 있는데 안타깝게도 해마다 자취를 감추고 있다고 한다.

19세기의 빌헬름 폰 훔볼트(Wihelm von Humboldt)는 상용 언어의 상이는 세계관 그 자체의 상이라고 규정짓고 언어문화의 다양성이 곧 세계 문화의 다양성에 이어진다고 주장하고 있다. 사실상 언어라는 것은 사용 민족의 문화 전반을 담고 있는 수레와도 같은 것인데 이것이 없어진다는 것은 한 문화가 함께 인멸되어 버린다는 결과가 된다.

생물의 진화가 그 다양성에 있었다고 하면 문화의 진화도 그 다양성에서 찾아야 할 것이다. 오늘날 지구화의 구호 아래 경제적 지구화가 문화의 획일화를 무의식중에 만들어내고 있는데, 여기서 우리가 반드시 집고 넘어갈 것은 문화의 지구화와 문화의 획일화를 혼동해서는 안 된다는 것이다.

지구의 크고 작은 문화의 다양화는 문화의 지구화와 동일하다는 것을 이해해야 할 것이다. 특히 미국의 할리우드에서 파상적으로 발신하는 강력한 엔터테인먼트 문화에 소수 오지 민족의 섬세하고 아름다운 문화가 흡수되지 않도록 지혜를 모아야 할 것이다. 영어 습득 최우선의 풍토하에서 이 쓰나미(Tsunami)를 어떻게 재치 있게 극복하는가 하는 것이 21세기의 우리의 과제이기도 하다.

바벨탑을 좌절시킨 신의 뜻을 다시 한 번 생각할 때가 되었다. 신은 인간의 오만한 마음을 미워한 것은 아닌 것 같다. 일면 몇 백 개의 소수 언어들이 자취를 감추고 있다는 언어학자들의 분석에 우리는 귀를 기울여야 할 것이다.

14

카이로몬과 알로몬

지구의 탄생 역사를 과학자들은 보통 48억 년으로 잡고 있다. 태양이라는 불덩어리에서 떨어져 나와 그 주위를 돌기 시작한 것이 그렇다는 말이다. 태초에는 생명체가 살아간다는 것은 상상도 못하는 뜨거운 불덩이였을 것이며 그것이 서서히 식어 껍데기에서부터 냉각, 수축, 응고되어 지구라는 문자 그대로의 땅덩어리가 공 같은 모양으로 형성되었을 것이다.

아직은 지구 한 가운데는 뜨거운 암장이 팥죽처럼 이글거리고 있다. 가끔 땅껍질의 취약한 부분이 터져 화산의 분화 현상도 자아낸다. 때로는 바위판 위에 흐르고 있는 지하수를 데워서 온천수가 되어 우리들을 즐겁게 해 주기도 한다. 태초의 뜨거운 땅덩어리가 서서히 냉각되어 원초적인 생명체가 생기기 시작한 것은 10억 년 전후로 추리하고 있으니 38억 년간은 생명체 없는 세월이 흘렀다고 보아야 할 것이다.

학자들에 의하면 5억 5000만 년 전만 하여도 지구 생물은 박테리아, 플랑크톤 그리고 말무리뿐이었다고 한다. 그러다가 캄브리아기를 전후하여 모든 생물의 원조가 폭발적으로 나타났다. 그러니까 약 5억 년 전의 일이 된다. 훨씬 세월이 흘러서 인간의 원조격인 원인(猿人)의 화석이 조금씩 발견된 것은 500만 년 전이 된다.

　좀 더 확실한 원인의 화석 오스트랄로피테쿠스 아파렌시스(Austra-pithecus Afarensis)의 화석은 350만 년밖에 되지 않는다. '350만 년밖에'라는 표현을 썼지만, 우리들의 일상적인 개념으로서는 유구한 세월이나 지질학적 눈금으로 볼 때 잠시간에 불과하다. 우리 인류의 그 DNA청사진으로서는 불과 1.23%의 차이밖에 발견되지 않은 침팬지와 서로 다른 길을 걷게 된 것이 약 500만 년 전이라고 가상할 때, 같은 공동 조상을 가지면서 500만 년 후에 이루어낸 열매의 모습이 너무 다르다는 것에 놀라지 않을 수 없다.

　하기야 현존 침팬지와 그 형태상의 특징은 제법 닮아 있다고 할 수 있으나 두뇌 발달에 있어서는 결코 비교가 되지 않는다. 말하자면 사람만이 두뇌 발달에 있어서 거의 조화(調和)에 가까운 계기(契機)가 지속적으로 작용하였다는 것이다. 이처럼 인류는 더욱더 두뇌 편중의 진화과정을 거쳐 오늘날의 우리가 된 것이다. '개구리 올챙이 시절을 모른다'는 속담이 있듯이 오늘날 인류도 그와 같은 오만의 과오를 범하고 있는 것이다. 그러나 한 가지 피할 수 없는 숙명에서 벗어나지 못하고 있으니 아무리 잘난 척하여도 생물의 생존 지평선에 깔려있는 '죽음'이라는 것은 극복하지 못하고 있다. 결국 우리들도 지구상에 서식하고 있는 뭇 생명체라는 대가족의 일원에 불과하다는 것이다.

우리 인류는 뇌세포의 계속적인 돌연 진화로 지구 생명가족의 보스가 되었지만, 그 보스 자리를 형성 유지하기 위하여 동류 가족에 대한 가혹한 희생을 강요하고 있는 것이 오늘날의 현상이라고 할 수 있다. 보스라는 말이 나왔는데, 보스는 때로는 코디네이터로서 때로는 자기 위주의 폭군으로 군림할 수 있다. 오늘날 우리 인류는 후자의 길을 택하고 있는 것 같다.

최근 분자생물학의 괄목할 만한 진전으로 우리 생명체의 청사진이 그 전모를 보이기 시작하였다. 특히 DNA에 대한 해독이 진척됨에 따라 재미있는 발견이 잇달아 쏟아져 나오고 있다. 모든 생물은 동·식물을 가리지 않고 같은 생명체의 동일한 기초 청사진을 지니고 있다는 것이 서서히 밝혀지고 있다.

호메오박스(Homeobox)가 바로 그것이다. 이것은 곧, 모든 생명체는 공동 조상을 가지고 있다는 것을 말해주는 블랙박스와도 같은 것이다. 우리 인류는 그 진화 과정을 소급하여 올라가 호메오박스 시대를 기점으로 점차 진화되어 오늘날 인류로서의 가족공동체에 이르렀다고 할 수 있다. 요사이 새롭게 거론되기 시작한 카이로몬, 알로몬(Kairomone, Allomone)[1] 같은 호르몬은 그 실체를 집어내지는 못하여도 생물 가족으로서의 초기 단계에 만들어진 것이라고 추리된다. 페로몬(Pheromone)2)은 훨씬 후에 인류로서의 가족 시대에 만들어졌다는 것을 추리하게 한다. 카이로몬이나 알로몬 같은 호르몬이 아직도 우리들의 무의식층이나 정서층에서 기능 하고 있다는 것을 쉽게 인지할 수 있다.

숲속이나 잔디밭 위에 있을 때 시멘트 바닥이나 사막 한가운데 있는 것보다 훨씬 마음의 평온을 얻을 수 있다는 것에서 쉽게 알 수 있다. 이제 우리는 페로몬을 비롯한 카이로몬이나 알로몬의 친화력을 유감없이 활용할 때가 온 것을 알고 있다. 위대한 시인이나 작가, 종교인은 페로몬은 말할 것도 없이 카이로몬, 알로몬을 민감하게 느끼고 있는 사람들이라고 보아야 할 것이다.

오늘날 인류의 거주형태가 도시화로 치닫고 종래의 소단위 공동체가 하나씩 소리 없이 무너져 가고 있다. 얼핏 보기에는 소단위의 공동체가 불의불식간에 짜 올린 온갖 구속의 그물에서 벗어나고 있다는 것은 즐거운 일이기도 하지만 이와 동시에 상기 카이로몬, 알로몬, 페로몬까지 함께 쓸려나가고 있다는 것을 명심해야 할 것이다. 지구상에 생명을 얻고 있는 모든 생명체는 대가족을 이루고 있다는 사실과 사람만이 척도가 아니라는 것을 인식해야 할 시점이다.

1) 종이 다른 생물 간에 작용하는 상호친화력.
2) 같은 종류의 생물에 개체 간에 일으키는 상호친화력.

15
로봇의 한계

생물의 형질유전을 둘러싸고 유전인자설과 환경요소설은 오랫동안 학계에서 서로 공방을 되풀이하여 왔다.

특히 구 소련학계에서는 유물론을 앞세워 환경설에 비중을 두고 리센코(Lysenko) 같은 사람은 그 기수 역할을 하였고, 더욱 가공할 만한 것은 이것이 정치적 이데올로기에 휘말려 유전 인자에 관심을 갖고 있었던 바빌로프(N. I. Vavilov)와 같은 학자는 영원히 학계에서 매장되고 말았다.

그러나 왓슨(Watson)과 크릭(Crick)에 의해 밝혀진 DNA 이중 나선구조가 세상에 알려지고, 형질유전이 유전인자에 의한다는 것이 과학적으로 아주 명료하게 증명되었다. 게다가 인간의 유전 청사진이 밝혀지고 보니 분자 생물학의 영역은 21세기 최고 첨단과학으로 자리매김하게 되었다.

결국, 후크(R. Hooke)의 현미경에 의한 코르크의 세포발견으로

'모든 생물체는 세포로 되어 있다'라는 일반적인 명제가 성립된 것과 같이 '모든 형질은 DNA로서 결정된다'는 일반적인 명제가 성립되고 말았다.

도킨스(R. Dawkins)와 같은 DNA 절대파 학자는 모든 생물은 생물 유전의 정보 곧, DNA 청사진을 담고 있는 그릇에 불과하다고 하였다. 즉, 몸은 부모로부터 이어받은 DNA 청사진이 정확하게 발현된 결과에 불과하다는 것이다. 결국 만인은 DNA 숙명론자가 되어버린 것이다.

이렇게 되고 보니 전문가인 의사들도 환자의 병 진단에 있어서 그 가족력에 신경을 곤두세우게 되었다. 생각해 볼 때, DNA 지도는 우리 몸이 가지고 있는 온갖 비밀을 들여다 볼 수 있는 창구이고 보니, 그 활용 효과는 앞으로 우리들의 지금 예상을 훨씬 넘어서게 될 것이다.

그러나 우리들을 납득시킬 수 없는 온갖 현상들은 이 DNA 숙명론을 맹종할 수 없게 한다. 손쉬운 예로 부모로부터 동일한 DNA를 이어받은 자식 간에도, 경우에 따라 그 신체적 형질이나 재능에 있어서 닮은 점도 있지만, 굉장한 차이를 보여주는 경우가 많다. 그것으로 동일 DNA 복사물로 취급하기에는 의문이 드는 것이다.

동일 DNA 복사물로서의 자식이라 할지라도 어머니 자궁에서 성장하는 환경조건과 탄생 후의 성장과정에서 영향을 받는 환경적 요소가 그와 같은 차이를 낳는다는 것을 알 수 있다. 결국, DNA에 의

한 형질 승계는 처방전이 동일하다는 것이지 청사진이 동일하다는 것은 아닌 것 같다.

여기서 처방전과 청사진의 특징 차이가 강구되어야 할 것이다. 예를 들어 요리사가 요리를 할 경우, 똑같은 처방전을 가지고도 요리사마다 만들어 낸 최종 작품은 그 색이나 맛이 똑같을 수 없을 것이다. 같은 소재라 할지라도 요리하는 과정에서 일어나는 요리사 나름의 성향에 의하여 열 조절이나 각종 양념의 비율이 동일할 수 없으니 그 완성품의 맛은 차이가 있을 것이다.

따라서 요리법 교본을 구입한다고 해서 맛있는 요리를 만들 수 있는 것은 아니다. 그러나 청사진으로 어떤 건물을 세우는 토목이나 건축 기사의 경우 청사진이 같으면 거의 비슷한 작품을 탄생시킬 수 있을 것이다.

전기한 DNA 숙명론자는 청사진으로 집을 지을 경우에 해당되고, 그렇지 않은 DNA 좌파론자는 처방전으로 요리를 하는 경우에 해당될 것이다. 만약에 일란성 쌍둥이를 탄생하자마자 각각 분리하여 전혀 다른 지역, 환경에서 성장했다고 할 경우, 20년 후에 만나면 그 쌍둥이의 마음가짐과 체형이 어떨까? 하는 문제의식이 생기게 된다. 체형은 비슷할지 모르지만 그 마음가짐은 전혀 다를지 모른다.

하기야 체형과 마음가짐은 우리가 살아가는 데 2대 요소로 작용하지만, 마음가짐이 생활에 끼치는 영향은 훨씬 클 것이다. 여기에서 '마음가짐'이라는 말이 나왔지만, 이 마음가짐은 곧 우리 신체 중에서 '뇌(腦)'를 연상하게 된다. 뇌에서 마음가짐이 만들어진다는 것은 의문의 여지가 없다.

아울러 여기서 짚고 넘어가야 할 일은 뇌 과학자들은 인간의 뇌도 역시 인류 발생 후 꾸준히 싸워온 생존 경쟁의 소용돌이를 거쳐 우리가 생각하듯이 순수한 것은 아니라는 것이다. 자연도태란 맷돌 속에서 도태되지 않으려고 애쓰는 길고 긴 과정에서 신생아들의 뇌는 순수한 백지 상태가 아니라 불가사의(不可思議)의 괴물과 비슷할지도 모른다.

이 학설은 하버드 대학의 스티븐 핑커(Steven Pinker)의 주장인데 우리가 그의 주장을 그대로 받아들이지 않는다 해도 항상 '우리 마음'의 본적지를 찾으려 할 때는 충분히 참작해야 할 것이다. 이와 같이 500만여 년의 긴 풍파를 이겨내고 극복한 현대 인간의 뇌에 축적되어진 그 '괴물성'은 한마디로 온갖 계략, 지혜 등 우리가 상상할 수 있는 무한정 욕망의 도가니가 뇌의 DNA로 구조화되어 있을 것이다.

우리는 항상 선인은 선인이고, 악인은 악인이 아닐 경우도 생각할 수 있다. 상기 일란성 쌍둥이의 경우, 그 마음가짐이 같을 수 없는 것은 그들이 동일한 DNA를 물려받으면서도 그것을 외부에 발현할 때 그가 자란 후천적인 환경요소 때문에 서로 달라진 것이다.

우리의 뇌 세포가 지니고 있는 500만여 년의 흔적을 상상해 볼 수 있으나 그것을 과학적으로 밝힌다는 것은 어려울 것이다. 그것은 곧 사람의 마음을 과학적으로 밝히겠다고 하는 모험과 같다고 할 수 있다. 우리들 주위에 일어나는 온갖 현상에 있어서도 그것이 어떠한 인과관계에서 일어나고 있는 것은 틀림없다고 상상은 하나 결국 밝힐 수 없는 것과 비슷하다.

마음가짐의 DNA적 추구보다 더 어려운 것이 있다면 그것은 생명 그 자체이다. 적어도 10억 년 전의 역사를 지니고 있으리라는 생명 발생의 기구를 밝힌다는 것은 500만 년 연륜을 쌓은 인간의 뇌에는 비교도 할 수 없는 어려움이 있을 것이며 이것 역시 영원한 수수께끼로 남게 된다. 모든 마음의 작용은 뇌 속의 각종 신경 전달 물질의 흐름에 의한다고 상상할 수 있으나 그것이 왜 그렇게 흐르는지는 밝힐 수 없는 것이다.

뇌학은 영원히 What, How에서 끝나고 Why는 밝힐 수 없는 것 같다. 인간의 뇌란 결국 컴퓨터와 같은 것이라 할 수 있으나 영원히 컴퓨터가 알아낼 수 없는 Why 즉, 아름다움과 추한 것, 좋아하는 것과 싫어하는 것을 판단할 수 없을 것이다. 왜냐하면 이것은 인간이 진화과정에서 획득한 능력이며, 그가 자라온 문화 속에서 연마된 감성인 까닭이다.

여기에서 서두로 돌아가 보면, 우리 몸은 DNA의 청사진에 의해서 형성 발달된다는 것이 DNA 이중 나선 구조의 발견과 거듭되는 온갖 실험에서 증명되고 있다. 나아가서 우리들의 성품 성향을 제어 혹은 발현시키는 DNA 인자 같은 것이 있으리라는 것이다. 그러나 이 후자의 실험은 영원히 불가능으로 남을 것이다. 밈(Meme)[1]을 상정할 수는 있으나 실험은 영원히 불가능할 것이다.

사람의 정신 활동으로 무엇을 '할 수 있느냐(Can)' 혹은 '해야 하느냐(Sollen)'는 뇌의 영역이고, 사람의 정신활동으로 무엇을 했느냐가 곧 마음의 영역이고, 하다(Do), 다자인(Dasein)이니, 이것은 구현(Performance)의 범주에 속한다. 즉 능력과 구현이 전혀 다르며, 외국어 문법은 잘 알고 있으면서도 이것을 그대로 구현하지 못하는 것이 우리들의 현실이다.

무엇을 할 수 있느냐는 컴퓨터가 할 수 있는 일이지만, 실제로 무엇을 했느냐는 컴퓨터가 하지 못한다. 왜냐하면 후자는 합리적 본질 존재가 아닌 비합리적 사실 존재인 까닭이다. 로봇의 능력도 이 가능(Can), 당위(Sollen)에서 그 극에 달할 것이며, 그 이상의 로봇은 만들기 어려울 것이다.

---

1) 유전자처럼 개체의 기억에 저장되거나 다른 개체의 기억으로 복제될 수 있는 비유전적 문화요소 또는 문화의 전달 단위.

16
아! 초고속 세상, 정보의 홍수

정보 전달의 초고속화는 우리들의 시간개념이나 공간개념을 완전히 바꾸어 놓았다. 지구상 어떤 구석진 곳에 있어도 전파는 찾아오고, 또 찾아가니 한마디로 편리한 세상이 되어 있는 것은 틀림없다.

각 개인이 모든 정보의 수신 · 발신국이 되었다. 이와 같이 정보의 초고속화에 현대인의 성격도 초고속적 반응을 보이기 시작했다. 곧 성급한 사람들이 되고 말았다. '기다린다', '참는다', '두고 보자'는 있을 수 없고, 모든 것이 무릎 반사적으로 돌아가지 않으면 사람들은 어찌할 바를 모르고 신경과민증에 빠지는 정서 장애를 일으키며 끝내 폭력적이 된다. 특히 인터넷의 보급은 사람들을 점점 성급한 무리로 만들고 말았다.

프랑스 철학자 베르그송(Bergson)은 시간의 본질은 수량화, 공간화 되지 않는 것이며 어디까지나 정신적 영적 지속에 있다고 했다. 그러나 현대인은 시간을 공간화 내지는 수량화하여야만 마음이 놓이는 상태로 변질해 버린 것이다. 결과적으로 시간의 생명이라고 할 수 있는 생기발랄한 활동, 곧 지속이라는 개념을 잊게 되고 지각, 공포, 고령화에 대한 초조하고 불안한 마음으로 안정을 얻지 못하고 있다.

유태교 철학자 아브라함 헷셀(Abrahan Heschell)은 유태교에 있어서 안식일에 대한 현대적 의미를 재음미하여 시간 속에 숨겨져 있는 '성(聖)'을 다시 깨닫게 하고 있다. 이런 처지에서 인간, 특히 청소년들의 공격적 충동을 제어하는 안전장치는 언제나 열려져 있어 위태로운 상태에 놓여 있다는 것이다.

이와 같이 신경질적 생태의 출현에는 애니메이션의 영향도 적지 않다. 특히 어린 세대에 있어서 게임 증후군이 그것을 부채질하고 있는 것 같다. 일본판 도라에몽의 주인공인 고양이를 생각해 보자. 상식적인 것과 논리의 고리는 통하지 않고 계속적으로 기상천외의 발상이 뒤를 따른다. 혹자는 이 주인공 고양이가 끝없이 되풀이되는 지루한 나날을 극복하는 활력소를 주고 있다고도 한다. 하지만 긴 세월 동안에 완성된 인류의 지혜를 인정하지 않고 '하나 더하기 하나는 둘'이 된다는 절실한 현실을 도외시하는 것이다.

게임에 열중하는 아이들의 눈빛을 보면 쉽게 간취할 수 있다. 이 아이들의 손놀림을 주의 깊게 보면 된다. 물 위를 걸어 다니는 거미처럼 민첩하고, 이미 그 손은 뇌 속 판단의 역할을 맡고 있는 전두엽 신피질과 연결고리는 끊어진 채 그냥 기계적, 반사적으로 움직이고 있는 것이다. 책을 읽으면 뇌의 전두 분야가 활성화된다고 한다. 이 전두 전야는 주의력, 의사소통을 맡고 있는 부분이다. 게임이라는 행위는 이 뇌 부분의 자극과 전혀 상관이 없어 독서를 멀리하기 마련이다.

TV나 게임에 하루 2시간에서 7시간 정도 몰입하면 뇌의 활동 상황을 나타내주는 뇌파의 베타(β)파가 전두엽 전야에서 전혀 나오지 않으며, 이것을 '게임의 뇌'라고 부른다. 이 게임의 뇌가 바로 순간적 폭력화, 단락적 증후군(Snapping)을 일으킨다는 것이다. 전두엽 전야는 일종의 판단기능과 온갖 행위의 제어를 맡아보는데 이 제어 장치가 제 기능을 하지 못하는 것이다.

오늘날 아이들은 게임이라는 시청각에만 호소하는 환경 속에서 생활하고 있다. 옛날처럼 살아있는 자연 속에서 오감의 자극을 통하여 정서의 저변이 다져지는 경우와는 전혀 다른 결과를 가져올 것이며, 곧 로봇의 뇌와 닮아가고 있다고 보아야 할 것이다. 연애와 같은 남녀의 감정 공유도 점점 어려워질 것이다.

상호의 감정이입(Empathy)이 약화되어 자폐적 특징을 보이게 될지도 모른다. 보통 인간의 뇌 속 신경전달의 네트워크는 대부분 다섯 살까지 구축된다고 한다. 상기한 오감을 통하여 구축된 뇌 속 네트워크와 그와 대조적인 시청각만으로 구축되는 네트워크가 같을 수는 없을 것이다. 또한 오늘날과 같이 정보의 대량 생산, 대량 전달 사회는 종래의 폐쇄회로적 환경과는 전혀 다른 결과를 예상해 볼 수도 있다. 이 경우, 정보의 무한 공급으로 일종의 복잡계를 형성하여 엔트로피(Entrophy, 정보결핍도)는 무한정 증폭되어 갈 것이다.

예를 들어 동일 계통의 상품 몇 가지 속에서 그 중 하나를 선택하는 것은 용이하나 그 종류가 무제한 많아진다면 결국 불가 선택의 궁지에 빠지게 될 것이다. 결과적으로 사회는 불안정해지고 스트레스의 소용돌이 속에서 사람들은 당황하게 된다. 인과관계의 고리도 정보 인자의 증대로 전혀 그 증명력을 잃고 만다. 간혹 기상청의 정보가 빗나가듯 우리를 당황하게 할 것이다.

현대 사회에서 들 수 있는 가장 비근한 예를 증권에서 찾아 볼 수 있다. 증권의 가격이 우리가 예상치 못할 많은 요인으로 가득 차 있는 까닭이다. 결과적으로 '일기예보 이상으로 증권예보가 어렵다'는 속담이 만들어졌다. 상식적인 인과관계의 고리가 쉬이 끊어지고, 결국 사람들은 리스크(Risk, 위험부담)를 안고 삶을 영위해 가고 있는 것이다.

17
마법의 맷돌 시장

"무엇이든 가격을 알고 싶으면 곧 시장에 내놓으면 그 가격이 밝혀진다."라는 것이 오늘날의 상식이 되어 있다. 이 시장이란 '마법의 맷돌'은 거의 모든 분야를 총망라한 잣대처럼 등장하게 되었다. 세칭 '경쟁력'이라고 하는 좀 신성성(神聖性)마저 띠게 된 이 용어는 시장을 통하여 얻어진 경제계의 총아가 되고 말았다.

그런데 과연 시장이라는 것은 만사를 저울질할 수 있는 마력을 가지고 있는 것일까? 만약 피카소의 초기 입체파 작품을 액자에 넣어 이발소나 미용실에 걸어둘 상용(商用) 미술품과 함께 시골 장터 한 구석에서 전시 판매한다고 하자. 올바른 가격이 매겨질까? 시장 가격은 그 시장에 모여드는 소비자들의 눈높이에 의하여 가격이 매겨지고 거래가 성립되는 것이다. 곧 시장이라는 것은 그 시장에 모여드는 시정인들의 눈높이 저울에 의해서 가격이 책정되며 참가치는 끝내 살아나지 못할 것이다.

만약 상기 피카소의 소품을 소더비즈(Sotheby's)[1]나 크리스티(Christie's)의[2] 경매대에 올려보았을 때를 상정해 보자. 가격이 가치로서 재평가되게 될 것이다. 왜냐하면 명품 경매장에는 경매품 속에 담겨 있는 가치를 열 수 있는 열쇠, 즉 걸맞은 눈높이를 가진 자가 많이 모여드는 까닭이라고 할 수 있다. 물론 그와 같은 이름 있는 경매장에서는 진가 이상의 가치가 확대 재생산된다는 것이 감안되어야 할 것이다.

　한국의 조선 시대에 무명의 도공들에 의해 양산된 백자 혹은 잡기 막사발들이 임진왜란 때 왜병들의 값싼 전리품으로 수거되어 갔다. 그곳에서 국보 대우의 명기로서 사랑을 받게 된 것이 허다하지만, 이 경우도 그 막사발들이 지니고 있는 '태초적(太初的)인 미(美)'의 가치를 열 수 있는 열쇠를 가진 일본 다인들이 많이 있었던 까닭이라고 할 수 있다.

　만약 일본 다인들이 도취한 와비(侘)라는 다도의 미의식이 없었더라면 그 조선조 막사발의 가치는 움트지 못하고 사장되었을지 모른다. 결국 가격은 가치에 따라 좌우되는 것이니 시장이 만능적 기능을 발휘하려면 가치를 열 수 있는 기능을 가져야 할 것이나 그것을 기대하기는 어렵다.

　예술작품과는 달리 일반적 상품의 가격은 대체로 보편적인 수요

1) 세계적인 예술품 분야의 경매 회사. 크리스티와 경쟁 회사.
2) 런던의 경매 회사.

에 의존하고 있다. 예를 들어 한국 내 시장에서 매겨진 여러 상품을 다른 나라 시장에 판매할 때 비등한 가격이 나올 수도 있지만 전혀 엉뚱한 가격으로 자리매김 되는 경우도 많을 것이다.

즉, 한국 고유의 문화에 뿌리깊이 내리고 있는 상품들, 이를테면 제기(祭器) 같은 것이 인도나 파키스탄의 시골 시장에서 같은 가격으로 거래되리라고는 상상하지 않는다. 즉 가치는 고유문화에 연계되고 가격은 물질 문명적 측면에 연계된다고 할 수 있다. 전자는 '필요 유 · 무'에 의지하지 않으나 후자는 '필요 유 · 무'에 그 존재 조건이 깔려 있는 것이다.

이렇게 볼 때 시장 경제에서 말하는 '경쟁력'이라 하는 것은 그 주체가 어느 정도의 보편성 있는 수요창출을 하느냐에 달려 있다고 할 수 있다. 이를테면 인도 시장에 가격이 높은 상품은 인도 문화에 뿌리를 내리고 있는 제품 즉, 인도인의 수요를 자극하는 상품을 만들어야 할 것이다. 비근한 예로 인도에 진출한 한국의 현대 자동차는 힌두교들이 반드시 쓰고 다니는 터번이 차 천장에 부딪히지 않도록 차 천장을 높이 해야 한다는 것도 같은 맥락에서 나온 것이다.

오늘날 국경 없이 뻗어나가고 있는 세계적 마트(Mart)의 성패도 해당 국가 전통 문화의 분석력에 달려있다고 할 수 있다. 이와 같이 시장은 사람들에게 무한한 실용적인 가치를 창출하는 곳이기 때문에 비실용적인 가치는 부당하게 평가절하시키는 수가 많다. 신조어의 지구촌화(Globalization)는 세계시장화(Global Marketing)와 같은 맥락에서 이해되어야 할 것이며, 이와 같은 흐름은 앞으로 더욱 격화될 것이다. 긴 안목에서 볼 때 각국의 지방마다 특색 있는 시장 문화도 결국은 세계 시장화의 쓰나미에 휩쓸려 그 문턱이 무너지고 만다고 보아야 할 것이다. 결과적으로 가치는 무한히 가격에 가까워지고 지구촌은 가격 만능으로 탈바꿈되지 않을까 두려워진다.

시장은 결국 세속적 욕심과 이기의 집산지임에 틀림없는 인간 사회의 원초적 갈등을 잘 반영하고 있는 곳이며, 어디까지나 몰가치적 마당이다. 그러고 보니 가격 책정 이상을 시장에서 바란다는 것은 연목구어(緣木求魚)적 발상이다.

이와 같이 시장만능주의와 타이 업(Tie up)된 오늘날의 자유주의는 자칫하면 긴 세월에 걸쳐 쌓아 올린 사회공동체를 서서히 무너뜨리는 것은 아닐까 하는 두려움을 낳게 한다.

여기서 문득 생각나는 것이 GPI(Genuin Progress Indication) 개념이다. GPI의 정의는 '시장을 경유하는 사회적 마이너스 요인+시장을 경유하지 않는 사회적 플러스 요인'이다. 이것은 '참된 진보 지표'로 번역할 수 있으며 '참된 진보 지표'는 가치와 가격이 상보적이어야 한다는 것을 암시하는 것이다.

오늘날 세계 도처에서 GDP(국내총생산)는 급상승하고 있으나 GPI는 급강하 하고 있는 실정이다. 전문가들의 의견에 의하면 GPI의 정점은 미국에서 1969년, 독일에서 1980년, 네덜란드에서 1979

년으로 잡고 있다. 한국의 경우는 언제로 해야 할 것인지? 어찌됐던 지구촌의 경우를 총람해 볼 때 GPI가 급강하고 있는 것은 부인하지 못할 것이다.

18
피마족과 당뇨병

　　로마의 시인이며 철인이던 푸블리우스 오비디우스 나소(Publius Ovidus Naso, BC 43~AD 17)는 '변신(Metamorphosis)'이라는 말을 만들어냈다고 기록되고 있다. 시시각각 변신해야만 살아남을 수 있다는 것이다.

　　같은 맥락에서 다윈(Charles Darwin, 1809~1882)[1]의 적자생존을 연상할 수 있다. 환경에 적시적절하게 형태적 변신을 한 것만이 지금까지 살아남게 되었다는 것이다. 하기야 지구 역사는 40억 년으로 계측하고 있는데 그 길고 긴 세월동안 생명체가 만들어지고 천태만상으로 변신해 왔다는 것을 생각해 보면 아찔한 생각마저 든다. 분자생물학의 비약적 발전으로 드디어 DNA[2]구조가 밝혀지고

---

1) 생물 진화론의 제창자.
2) deoxyribonucleic acid의 약자. 세포핵, 염색체의 기초 물질로서 유전 정보를 지니고 있다.

그 청사진을 통하여 뭇 생명체의 변신 과정을 훨씬 정확하게 들여다 볼 수 있게 되었다.

오늘날 생물계를 크게 둘로 나누고 있는데 동물계와 식물계도 그 현격한 형태적 상이성을 넘어 공동 조상의 후예라는 것을 믿지 않을 수 없는 DNA의 명시적 증거 앞에서 우리는 다시 한 번 당혹하지 않을 수 없다. 기실은 동·식물들이 그 DNA의 청사진에서 완전히 동일한 부분을 공유하고 있는 것이 밝혀지고 이것을 학자들은 호메오 박스(Homeo Box)라고 하고 있다.

곧 동·식물 할 것 없이 그 태고적 조상 족보를 더듬어 올라갈 때, 같은 형제자매라는 것을 말해주고 있는 것이며, 결국 현시점 지구상의 모든 생명체가 지구력(地球曆) 관점에서 생각할 때 현실적으로 혈연적 동일 가족이라는 것이다. 최근, 인류와 서로 갈라서게 된 침팬지 같은 유인원(類人猿)의 경우 그 DNA의 청사진 상에 있어 차이점을 만드는 데 소요된 세월은 일천만 년에 가깝지만, 현존 호모 사피엔스와 불과 1.23% 정도라고 한다.

결과적으로 생명체는 지금 이 순간에도 아주 완만하게 나름대로 DNA 청사진을 바꾸어 나가고 있다는 것은 틀림없다. 하기야 우리 몸을 DNA라는 유전 정보를 담고 있는 그릇에 불과하다고 표현하는 학자가 있다. 한편으로 거부감을 일으키게 하는 비유일지 모르지만 생명체로의 인간을 아주 적절하게 표현하고 있다.

인류를 위시하여 대자연의 완만한 기상과 지질적 변화에 발맞추어 변신해 온 지구상 뭇 생명체의 DNA 청사진이 최근 급격한 지구 생활 환경의 변화에 뒤따라가지 못하고 여러 가지 기이한 현상을 일으키고 있다는 관찰, 실험 결과가 과학 저널에 매일 같이 실리고 있다. 화석에서 발견된 검치호(劍齒虎)[3] 같은 경우는 과잉적응으로 오히려 적자생존의 희생자가 되었다는 예로 자주 거론되고 있으나 대부분의 다른 생물체에 있어서는 급격한 생활환경에 적응하지 못하고 낙오자로 도태되고 있다는 것이다.

인류의 원조 일원설은 오늘날 거의 정설로 굳어지고 있으며, 그 본적지가 아프리카라는 학설도 뿌리를 내리게 되었는데, 이 학설에 의해 우리 조상들의 아프리카 탈출기를 그려 보자. 그때만 하여도 지구의 대륙과 대양의 배치는 오늘날과 거의 비슷하였으나 곳에 따라 차이점도 있었다고 한다.

이를테면, 아시아 대륙과 북미 대륙을 갈라놓고 있는 베링 해협은 없었고 양 대륙은 완전히 육속되어 있었다고 한다. 그런데 아프리카 대륙을 벗어난 인류의 나그네는 일단 북상을 거듭하여 때로는 유럽 각지로, 때로는 동쪽으로 꺾어 계속 뻗어 나갔다고 상상해 보자. 실크로드에서 거론되는 천산북로(天山北路)를 거쳐 오늘날의 몽고 초원으로 전진한 집단을 따라가 보자. 물론 다른 집단은 천산남로(天山南路)의 길을 택하여 오늘날의 카이버 고개(Khyber pass)를

---

3) Saber-toothed tiger : 어금니가 너무 발달하여 결국 생존 경쟁력을 잃게 되었다는 호랑이.

카이버 고개(Khyber pass) : 아프가니스탄에서 파키스탄으로 넘어오는 역사적으로 유명한 고개

넘어 인도아대륙으로 갈라져 가기도 하였을 것이다.

한편 몽고 초원 방면 즉, 북극에 가까운 길을 택한 무리들은 그 진로 선택의 조건으로서 메머드 코끼리 같은 아주 덩치가 큰 것을 단백질 섭취의 좋은 사냥거리로 생각했을지 모른다. 이 사냥감은 힘도 아주 세고 위험 부담을 가지게 하는 수렵목표였으나 일단 사냥에 성공하면 무리 전체가 오랜 기간 아사를 극복할 수 있었다는 장점을 가지고 있으면서, 추운 곳이라 육질의 부패도 거의 일어나지 않았을 것이다.

마침내 빙하 시대의 내습으로 그들은 눈보라 속의 여정을 강행하였고 결국 북미 대륙에 다다르게 된다. 이 빙하기의 어려운 시기를 어떻게 극복하였는지는 오늘날 그들의 DNA 청사진에서 살펴보면 어느 정도 납득이 된다.

눈보라 속에서 몇 달이나 단백질을 위시하여 몸을 지탱할 수 있는 에너지의 공급원이 끊어지는 상황이 자주 찾아오는 생활 속에서 완만한 DNA 구조 수정이 필요하게 되어 '절약인자'가 형성되었다고 보아야 할 것이다. 즉 단백질 사냥이 쉬울 때 대량으로 섭취한 것을 저장하여 절약하면서 조금씩 소비한다는 전략이다.

이 전략인자가 가장 발달한 종족들이 미국 대륙으로 건너간 오늘날의 원주민들이다. 미국 주간지 뉴스위크지가 최근에 발표한 하버드 대학이 펴낸 '식사요법과 인자'에서 다음과 같은 재미있는 보고를 하고 있다.

미국 애리조나 주에 살고 있는 원주민 피마족은 세계에서 가장 높은 당뇨병 이환율을 보여주며, 35세 이상의 경우 50% 이상이 환자 상태라고 한다. 말하자면 '절약인자'를 가장 완벽하게 가지고 있다는 것이다. 반면 아프리카 대륙에 잔류하였거나 또는 유럽으로 흘러간 원조들은 그 절약인자의 증후군이 별로 없다. 이 지역에서는 북방 시베리아 루트에서와 같은 자연환경이 없었다고 볼 수 있다.

더 나아가 최근에 갑자기 먹고 살기가 좋아진 중국의 경우 불과 10년 동안에 비만 체질의 인구가 배가 되었고, 당뇨병 이환율이 대단히 높다는 것이다. 한국에서도 최근 연소층의 당뇨병 환자가 늘어나고 있는 현실이다. 우리들의 식생활 환경이 갑작스레 변화하였는데 따라가지 못한 DNA가 익살스럽게도 당뇨 증후군을 낳게 되었다.

왜냐하면 자연환경에 대해 생물학적으로 변화해야만 살아남을 수 있다는데, 옛날같이 환경의 변화가 빙하 이동처럼 아주 완만할 경우는 우리들의 DNA도 그에 맞추어 변화할 수 있었으나 오늘날처럼 환경이 급변하는 속에서는 종래의 DNA 변화속도로는 불가능한 까닭이다.

사회 환경과 경제체제가 문자 그대로 180° 바뀌어버린 오늘날 우리들을 당혹하게 하는 것이 한두 가지가 아니다. '호레이쇼 엘저(Horatio Alger, 1832~1899)'[4]의 설교는 오히려 웃음거리나 넋두리에 지나지 않고 대량생산으로 인한 대량소비를 권장하고 있다.

지금까지 생활의 미의식으로 되어 있던 '아낀다', '절약한다'는 오히려 죄악시되고 있는 가운데 아직도 지구의 도처에 기아로 죽어가는 인류 가족들이 수없이 많은 지구는 '침묵의 봄'[5]을 눈앞에 맞고 있다는 것을 잊고 있는 것 같다. 경제적 당뇨병을 예방하기 위해서는 수입과 지출의 균형 속에서 저축을 새로운 미의식으로 뿌리내려야 할 것이다.

---

4) 소년 소녀를 위한 소설가로서 성공은 독립심과 근면만 갖추고 있으면 이루어진다고 역설.
5) 미국 여류 생물학자인 레이첼 카슨(Rachel L. Carson, 1907~1964)은 공업적 독극물의 위험을 알리기 위하여 『침묵의 봄』을 저술하였다.

19

칼 포퍼와 조지 소로스

　희대의 금융, 투자 사업가 조지 소로스(Jorge Soros)는 오늘날의 자신이 있게 된 것은 칼 포퍼(Karl Popper, 1902~1994)의 덕분이라고 토로하였다. 그가 영국의 런던 경제학교에서 들은 칼 포퍼의 강의에서, "어떤 가설을 진리라고 굳게 믿게 되면 타 가설을 억압하는 닫힌 사회를 만들어 타자의 자유를 억압하고 진리선교의 십자군이 된다"는 것이다. 가설의 자유 경쟁을 통하여 상호 인식을 개발시키는 '열린 사회'에 뒤지게 되며 오만의 자멸 현상을 일으킨다는 것이다.

칼 포퍼(Karl Popper)

　　　　　　훗날 포퍼 교수는 뛰어난 철학적 공적을 가진 자에게 주는 교토상을 받게 되는데 수상한 논문의 논지가 곧 공산주의 붕괴를 일으키게 된 원인을 철학적 측면에서 규명한 것이었다. 그 내용을 보면 가장 과학적이라고 자찬한 유물사관 위에 세워진 공산주의 체제가 예상외로 쉽게 무너지는 것을 분석한 것이다. 결국 공산주의 이론가들은 자기들 이데올로기의 성벽을 높게 쌓아 성문을 꼭꼭 닫아버렸다는 것이다.

오늘날 우리들도 입버릇처럼 '열어야 산다'를 외치고 있으면서 자꾸만 닫아버리기를 좋아하는 것은 무슨 까닭일까? 귀와 눈 그리고 가슴을 활짝 열고 모든 일에 임한다는 것이 말처럼 쉬운 일은 아니다. 하기야 살아오면서 아주 몸에 익숙해져 버린 자기 전용의 안경을 벗고 제반 사항을 육안만으로 직시한다는 것은 상당한 용기와 지혜가 필요한 것이다.

요한 바오로 2세의 장례식에 많은 종교 지도자들이 운집하여 고인이 생전에 실천한 개방적 종교관을 높이 평가한 것도 그의 과감한 '열린 가톨릭'을 위한 공적이라고 할 수 있을 것이다. 사실상 가톨릭교는 법왕청을 정점으로 하여 상당히 높은 담벼락을 쌓아왔다. 그것을 요한 23세가 바티칸 제2공의회(1961~1965)에서 교리에 대한 탄력성 있는 해석의 길을 열게 하였고 그것을 이어받은 요한 바오로 2세는 하나씩 실천하고자 한 것이다. 시너고그(Synagogue, 유태교 회당)나 모스크(Mosque, 이슬람교 예배당)에 들어가는 것도 달라이 라마[1]와 흉금을 털어 놓고 이야기하는 것도 주저하지 않았다. 요한 23세가 바티칸의 창문을 열었다고 비유한다면 요한 바오로 2세는 대문을 열었다고 할 수 있다.

---

1) Dalai Lama : 티베트 불교의 교주. 1959년 인도에 망명하여 티베트 해방 운동을 지도하고 있다. 노벨평화상 수상.

모택동(毛澤東)은 그 악명 높은 대약진 운동이나 문화 혁명으로 삼천만 명에 가까운 인명손실을 가져왔고 오천 년에 걸쳐 쌓아 올린 문화재를 잿더미로 만들었다. 자신이 성공시킨 초인간적 장정(長征)과 국민당 정권의 탈취에 취하고 말았던 까닭이다. 그는 공산주의 이념의 무료성을 신앙하게 되었고 원리주의자로 굳어져버렸다. 만약 모택동의 죽음이 좀 더 늦었더라면 어떤 결과를 낳게 되었을까? 이와 같은 절대 절망의 상황 속에서 등소평이 정권을 잡고 과감하게 종래의 안경을 벗고 현실을 직시하였다고 할 수 있다.

오늘날 중국 국민이 무엇을 원하고 있는지를 직시하고 알기 위해 이데올로기의 틀에서 잠깐 벗어나기를 꾀하였던 것이다. 굶주리던 중국 국민들은 우선 배불리 먹고 외국 관광객들이 입고 다니는 옷차림에 매혹되고 있다는 것을 깨달았다. 그는 조심스레 닫혀 있던 창문을 열어 쥐를 잡는데 검은 고양이든 흰 고양이든 무슨 상관이 있느냐는 폭탄적 선언을 하였다. 꿩 잡는 것이 매라는 아주 실리적인 결단을 한 셈이다. 물론 대문을 열지는 않았다.

천안문 사건에서 끝까지 냉혹한 중국 공산당원이라는 신분에 충직했던 그의 태도를 보면 알 수 있다. 인간의 존재조건이라 할 수 있는 인권을 공산주의 이데올로기를 위한 제물이 되기를 강요하였던 것이다. 그러나 아침 광명이 어둠을 밀어내듯 아직도 완강히 저항하는 전체주의 이데올로기의 대지에 조금씩 희망의 빛을 던져주고 있다.

지구상 가장 문이 활짝 열린 도시로서 로스앤젤레스나 런던 그리고 뉴욕을 꼽을 수 있다. 로스앤젤레스의 경우 80여 민족이 공존하고 있으며 버몬트 고등학교 같은 경우 약 50개국의 민족이 30여 개의 언어를 쓰고 있다는 통계보고서가 나오고 있다. 런던의 경우도 이에 못지않다. 그러면서도 혼성공통어(Global lingua franca)로서 영어가 매개체 역할을 잘 하고 있다. 그 덕분으로 뉴욕이나 런던은 세계에서 가장 활기 넘치고 장래성 있는 도시로 전망되는 것이다.

그러나 긴 세월 동안 비슷한 얼굴만 보고 비슷한 음식물만 먹고 게다가 비슷한 주거 환경 속에서 살아온 우리들이다. 삼천리 방방곡곡 어디를 가도 한국말 하나로써 먹고 자는데 불편함이 없다 보니 부지불식간에 끈질긴 공감대가 형성되어 그 공감대가 만들어 놓은 문턱을 하루아침에 무너뜨린다는 것은 어려울 것이다.

말로는 글로벌리제이션을 외쳐보지만 이에 대한 거부감도 만만치 않다는 것을 우선 인식해야 할 것이다. 아무런 뒷감당이나 사전 준비도 없이 대문을 활짝 열어 놓고 안면(安眠)을 취할 수는 없을 것이다. 각자 굳건한 국가관과 주체성을 수립하는 것이 급선무로 부상하는 것이 오늘날 지구촌의 기상도이다. 이웃나라 일본 도쿄에서 한 형무소 관리 책임자가 내뱉듯 탄식하는 소리가 기억난다.

그 내용을 보면 수감자의 국적이 너무 다양하여 그에 맞추어 음식 메뉴를 짜는 것이 골치를 아프게 한다는 것이다. 하기야 이슬람 문화권의 수감자에게 돼지고기를, 힌두교 문화권의 수용자에게 쇠고기를 먹게 해서는 큰 소동이 일어날 것이 뻔하다.

20

일신교와 다신교

5년 만에 한 번씩 가지게 되는 '국제 종교학 종교사 회의 세계 대회 (國際 宗敎學 宗敎史 會議 世界 大會)'가 1995년 일본의 도쿄에서 개최되었다. 여기서 하버드 대학의 두유명(杜維明) 교수는 현대의 종교인들을 일컬어 '공적 지식인'이라 하고 있다. 이것은 제각기 신앙 공동체의 언어를 사용하면서 또 다른 한편에 있어서는 '세계시민'으로서의 언어를 즐겨 사용해야 한다고 말하고 있다. 그리고 전도에 있어서는 '설득 위주'에서 '대화 위주'로 하여야 된다는 것을 시사하고 있다.

이번 대회의 주테마가 '분열하는 세계 상극의 뜻을 짚어 본다.'인 것을 볼 때, 21세기에 인류가 풀어야 할 문제 중에 종교 간의 갈등 내지는 충돌을 설득에서 상호 대화로 이끌어 가자는 의욕이 잘 나타나 있다.

또한 일본 교토에 있는 도시샤(同志社) 대학에서 '일신교 학제(學際)센터'라는 기구를 통하여 오늘날 종교계가 극복해야 할 문제를 심도 있게 다루고 있다. 일반적으로 고등 종교의 조건으로 일신교가 거론되고 있지만 이와 같은 기정 인식도 다시 한 번 연구되어야 할 것 같다.

다신교는 미신에 가까운 원시적 종교라고 일괄적으로 치부되어 왔던 것이다. 그러나 '종교'와 '세속'을 재치 있게 분리하여 오늘날의 넓은 선교 실적을 올린 기독교 계통도 부지불식간에 배타적 '끼리 의식'을 키우고 타 종교를 이단시하는 멘털리티를 배태시키고 있다는 것을 부정할 수는 없다. 특히 신앙심의 심도를 '적극적 전도 의욕'에서 찾으려 할 때는 더욱 큰 문제를 초래할 수 있다. 흔히 거리의 선교 문구 중에는 '우리 종교를 믿어야 천당에 갑니다'라고 하는 얼핏 듣기에는 아무것도 아닌 것 같으면서 곰곰이 생각하면 자기가 믿는 종교 이외의 종교에 대한 무의식적 이단시관이 내포되어 있다고 보아야 한다.

한편으로 타 종교는 영혼 구제가 불가능하다는 것이 되어 버린다. 왜냐하면 그가 믿는 종교만이 영혼을 천당으로 인도한다는 것으로 귀결되어 버리기 때문이다. 모든 종교가 상호보완적이어야 한다는 이론은 일신교적 멘털리티로서는 허용되지 않을 것이다. 무의식중에 타 종교에 대한 이단시관이 일신교의 교리를 이루고 있는 까닭이다.

어떤 사람이 말하기를 신앙이란 하늘에 걸려 있는 한 개의 거울이 지상에 떨어져 많은 조각으로 흩어진 것과 같다고 하였다. 그 중한 조각을 주어서 전체인 양 오인하고 있는데, 전체의 모습을 얻으려면 다른 사람들이 주운 조각들을 모아 맞추어 나가야 한다는 것이다. 아주 재치 있는 비유이다.

몇 년 전 몰루카 제도(Molucca island)에서 종교 간 반목으로 그때까지 서로 사이좋게 성당으로 혹은 모스크로 가서 제각기의 신을 찬송하였는데 별안간 불구대천의 원수가 되어서 상잔의 아수라장을 만들고 말았다. 일단 진정이 된 후 현지를 찾아간 신문 기자에게 현지의 한 성직자가 토로한 내용이 기가 막혔다. 그는 앞으로 '신이 없는 곳을 찾아 갈 것이다'고 하였다. 신문 기자가 다시 '그런 곳이 어디 있겠느냐'고 되물으니 그 성직자는 서슴지 않고 '라스베가스'라고 대답한 것이 기억난다.

즉 여기서 라스베가스를 지적한 것은 어제나 내일을 접어놓고 오늘 아니 그 순간순간을 즐길 수 있는 곳으로 생각한 것 같다. 하기야 종교적 분쟁은 '우리들 신', '너희들 신'에서 발단된다고 볼 수 있다.

초등학교 시절 청군, 백군으로 편을 갈라 하루를 지낸 운동회가 생각난다. 이날 하루만은 전교생이 청군, 백군으로 나누어 치열하게 경쟁을 하고 까닭 없이 미워했던 기억이 난다.

요한 바오로 2세는 가톨릭교회의 문을 열고 유태교나 그리스 정교, 이슬람교 심지어는 불교계 지도자와도 부담 없이 대화하기 위해 노력한 사람이다. 그러나 2000년 가을에 발표한 '도미너스 지저스(Dominus Jesus)'라는 바티칸 회칙(回勅)에서는 모든 종교는 동일하지 않다고 못을 박고 가톨릭은 결국 지구인을 예수 그리스도에 개종토록 해야만 한다는 것을 명시하고 있다. 이와 같은 취지가 종교적 우익파에 악용되기 쉽다는 것도 항상 경계해야 할 것이다.

그러나 예수 그리스도는 '신이 말씀하시기로'라는 표현을 쓰지 않았으며, 신의 권위를 빌리지 않고 '나는 말한다'라고 책임을 자기 자신에게 돌리고 있다. 신의 이름을 빌리게 되면 그것이 쉽게 '원리화'되어 버리는 까닭이다.

칼 발트(Karl Barth)도 누누이 이야기하기를 종교라는 것은 인간에 있어서 최고, 최악의 욕망이라는 표현을 쓰고 있다. 사실상 신은 외재(外在)하는데 인간은 어느 사이에 그것을 내재화시켜 '원리주의'를 낳게 하는 것이다. 결국은 그 무시무시한 중세유럽의 종교 재판도 그런 맥락에서 자행된 것이다. 중세의 십자군과 오늘날의 지하드(Jihad, 이슬람판 십자군)는 같은 맥락에서 싹튼 것이라 할 수 있다.

그런데 인간의 기본적인 과제는 타자와 공존하면서부터 생각해야 할 것이다. 세계의 일신교들 즉 유태교(촛대), 크리스트교(십자가), 이슬람교(초승달)의 세 개의 일신교가 공유하는 신 개념을 어떻게 창출하는가에 있는 것이다. 그러나 원리주의자들은 '진리는 명명백백하다는 것이다. 구약이나 신약 혹은 코란에 명백하게 적혀 있다'고 주장한다.

같은 현실적 어려움 속에서 일본인들의 신앙관을 한번 살펴보는 것도 결코 무의미하지는 않을 것이다. 일신교적 시각에서는 매우 황당무계하게 비칠 것으로 생각된다. 일본인 가정의 거실에서 볼 수 있는 가미다나(神棚)와 부쓰단(仏壇)의 공존 광경이다.

전자는 일본 고유의 토속신앙인 신토(神道)의 주신 아마테라스(天照) 여신을 모시는 제단이고, 후자는 불교와 관계되나 주로 조상신을 부처님 이름으로 모시고 있다. 이와 같은 현상을 일본인들은 신불습합(神佛習合)이라고 하며 조금의 위화감도 느끼지 않고 있는 것이다.

특히 신토는 아주 분주한 다신교적 속성을 지니고 있으며, 불교 역시 그와 비슷하게 이해되고 있다. 신을 일본어로 가미(神)라고 하며, 우리들의 토속 신앙에서 '천지신명'과 같은 뜻으로 이해하면 된다. 그들의 표현을 빌리자면 야오요로즈노카미(八百万神)가 곧 그것이다. 상기한 신불습합이라는 것은 토속 신앙과 불교가 서로 얽혀 일본인의 종교관을 형성하고 있다고 보면 된다.

일본인이 상가에 문상 갔을 때도 망자나 고인이라도 부르지 않고 호토케(仏) 곧 부처님이라고 부르는 습성이 있다. 흔히 말하는 산천초목 실개성불(山川草木 悉皆成佛)[1]이란 관점에서 사람은 죽으면 모름지기 호토케가 된다고 믿고 있다. 물론 착한 사람, 악한 사람을 묻지 않는다. 익살스럽게도 악한 사람의 넋은 저주를 내릴 수 있으니 한층 더 소중히 모셔야 한다는 것이다.

신토의 주신 아마테라스 신은 대일여래(大日如來)[2]가 본지(本地,

---

1) 산, 강, 풀, 나무도 모두 부처님이 된다는 것.
2) 모든 부처, 보살의 근원을 이루는 부처.

원형)라고 믿고 있다. 또 곤겐(權現)이란 말도 쓰이는데 부처가 모습을 달리하여 나타난다는 것을 뜻한다. 좀 더 자세히 설명하면 일본 신토의 주신 아마테라스 신은 대일여래가 본지이며 일본에 와서 중생을 구제하기 위하여 곤겐으로 나타났다는 것이다.

신토 학자들은 이것은 본지수적(本地垂迹) 현상이라고 설명하고 있다. 이와 같은 '본지수적' 현상의 불교는 일본이 불교화한 것이 아니라 불교가 일본화된 것으로 해석해야 할 것이다. 말하자면 불교뿐만 아니라 토속 신앙과의 습합화를 지극히 거부하는 일본에서는 그것을 일본화를 할 수 있는 범위 내에서 전도된다고 봐야 할 것이다.

기독교 신자로 알려 있는 오히라 마사요시(大平正芳) 수상도 재직 중, 종교 법인제로 관리되는 신토의 대 본산격인 이세신궁(伊勢神宮)에 꾸준히 참배하고 있었던 것이다.

스페인의 야소회 소속 프란시스코 자비엘이 일본 가고시마에 상륙한 것은 1549년이다. 그러나 오늘날 일본 내의 가톨릭 신자는 놀라울 정도로 소수에 머물고 있다. 가톨릭뿐만 아니라 개신교의 경우도 대동소이하다. 쟁쟁한 성경학자들은 결코 적지 않은 데 비하여 기이한 현상이다. 일본인들에 있어서 뿌리 깊은 다신교적 멘탈리티가 일신교의 정착을 거부하고 있는 것일까? 그렇게 표현하기보다 일신교의 순수성이 다신교적 풍토에서 싹트기 힘들다고 하여야 할 것 같다. 불교가 일본화 되었던 것 같이 일신교가 일본화 되기를 거부한 까닭이라고 할 수 있다.

생물 진화론자 중에는 '적자생존', '생존경쟁' 이론 대신에 '상호부조', '삶터 나눠 갖기' 같은 이론을 내세우는 사람이 있다. 특히 '삶터 나눠 갖기'는 일본의 생물학자 이마니시 긴시(今西錦司)가 주장하는 것으로, 생물들이 제각기 생존에 걸맞은 공간을 나누고 서로의 충돌을 가능한 줄이면서 살아가고 있다는 학설이다. 오늘날 종교계에서 이 이론을 받아들이면 무의미한 종교 충돌을 어느 정도 줄일 수 있지 않을까 하는 생각이 든다.

오늘날 세계의 수많은 종교가 공격적인 전도 내지는 타자설득을 지향하여 평지에 풍파를 일으키는 우를 범하지 않도록 해야 할 것이다. '신앙이 없는 종교'와 '종교가 없는 신앙'이라는 좀 익살스러운 표현을 빌려 본다면, 후자가 종교 분쟁을 일으키지 않게 하는 열쇠가 될 것 같이 느껴지는 것이다.

성당, 교회, 시너고그, 모스크, 사찰 그 어느 곳을 방문하여도 엄숙하고 어딘가 성스러운 분위기를 자아내지 않는 곳이 없다. 이처럼 '성스러운 느낌'이 드는 것은 인간이 무엇인가를 신앙하지 않을 수 없는 약한 존재이기 때문이다.

오늘날 지구 각처에서 상상하기도 힘든 잔악한 비극들이 매일같이 신문 기사로 실리고 있다. '하늘이 무섭지 않느냐', '인간으로서 어떻게 그런 행동을 할 수 있느냐' 하는 순수 감정이 바로 인간 신앙의 원점이라고 할 수 있는 것이다. 그 마음을 바탕으로 하여 생활에 임할 때 우리는 참된 신앙인이 된다고 할 수 있다. 반드시 이름표를 단 신만을 믿어야 한다는 것과는 조금 뜻이 다르다.

울창한 산봉우리나 수령 수백 년이 넘는 정자나무 같은 것을 우러러볼 때 신의 존재를 감지하게 되고 그 자리에 서서 기도하고 싶은 마음을 '다신교적 미신'이라고 비웃어서는 안 될 것이다. 곰곰이 생각해 볼 때 우리 조상들이 모셔온 신들이 문명이나 계몽이라는 빗자루에 쓸려 이 세상에서 자취를 감추게 되었지만 그와 같은 신들을 믿어온 원초적 감정은 아직도 우리들 혈관 속에 그대로 돌고 있다. 이렇게 볼 때 21세기는 종교, 종파 간의 무한한 관용, 그리고 서로 설득 아닌 대화를 스스럼없이 나눠갈 수 있는 풍토를 조성해야 할 것이다.

'자본론'을 쓴 칼 마르크스는 "종교는 대중의 마약이며 정치 당국의 마약이기도 하다."라고 했다. 그러나 종교는 유구한 인간의 만성적 불안감을 치유하는 특효약이며, 또한 우리들이 가장 경계해야 할 정치가들의 흉기이기도 하다. 하기야 인류는 구석기시대부터 초월성, 추상성을 지향하는 일신교와 세계를 구상적으로 표현하는 다신교적 지향이 달구지의 두 바퀴가 되어 전진해왔다. 이렇게 볼 때 21세기는 종교, 종파간의 무한한 관용, 그리고 서로 설득 아닌 대화를 스스럼없이 나눠갈 수 있는 풍토를 조성해야 할 것이다.

21
철새 탐조

　조류 관찰이라는 교양을 겸한 스트레스 해소의 야외 활동이 있다. 사람에 따라서는 '새를 관찰해서 무엇에 도움이 되는가' 하고 의문을 던지는 사람이 있을 것이다. 이 질문은 우리 뇌리에 뿌리 깊이 내리고 있는 공리주의 때문에 반사적으로 일어나게 된다. 그에 대한 대답으로 넓은 모래사장이나 갈대밭에 기러기나 오리 떼가 줄지어 맵시 있게 내려앉는 광경이 더 멋있지 않느냐? 또는 눈부시게 하얀 백조 떼가 힘차게 날갯짓을 하면서 수면을 이륙 아닌 이수(離水)할 때의 역동적인 광경은 장관이라고 할 수 있다.

　사실 옛날 사람들도 이와 같은 풍경에 매료되어 그림이나 시에 그리고 읊고 하였다. 중국의 명승지 소상팔경 중에 평사낙안(平沙落雁)을 넣고 있다. 동정호 넓은 모래밭에 기러기나 오리가 무리지어 질서 있게 차례를 지키며 내려앉는 광경이 매우 멋있다고 생각했을 것이다.

일본 북해도 일대에 많이 찾아드는 단정학(丹頂鶴) 떼들이 설원 위에서 서로 구애의 춤을 훨훨 추는 광경을 볼 때, 누구라도 선계(仙界)나 불계(佛界)를 체험하는 황홀함을 느낀다고 한다. 요사이 도시의 밤하늘은 지나친 조명으로 옛날의 정취를 잃고 말았는데, 칠흑 같은 밤하늘에 무수히 빛나는 별들의 성좌를 찾아보는 즐거움도 이젠 옛날 일이 되었다. 한낮처럼 밝은 가을 달밤을 기럭기럭 울면서 날아가는 기러기의 행렬도 이젠 그림 속에서나 볼 수 있게 되었다. 밤이 이슥할 때 신비스러운 소리를 내면서 어디론가 날아가 버리는 접동새의 기억도 이젠 옛날 꿈이 되었다.

　학, 기러기, 백조 등과 같이 인구에 회자된 새들은 말할 것도 없고, 그 외의 온갖 새들이 문학 작품이나 예술 작품을 통해 우리들의 생활 속에 아리따운 정취를 자아내는 역할을 하여왔다는 것만으로도, 우리와 조류 사이에는 불가분의 관계를 맺어 왔다는 것을 쉽게 짐작케 한다.

　지금은 아파트에 갇혀버린 몸이 되어버렸지만, 가끔은 넓은 마당을 가졌을 때의 낭만이 되살아난다. 솔밭도 꽤 넓게 자리 잡고 있었으며, 장미 밭, 잔디밭 그리고 온갖 풀꽃 밭이 독립적으로 하나의 생태계를 이루고 있었다. 박새나 오목눈이 뱁새는 마당의 상주 객이었고, 이외에도 계절 따라 나그네처럼 찾아와서 며칠 정도 머물다가 어디론지 홀연히 모습을 감추어 버리는 것들도 많이 있었다.

　박새의 경우는 아마 참새 다음으로 인간과 친화관계가 깊은 새이

박새

다. 백 원짜리 동전을 부비는 소리로 울다가 다시 호루라기 같은 외마디 소리로 변조해 버리는 솜씨가 대단히 정답게 느껴진다. 또는 인간의 선심을 너무 믿고 있는 탓인지, 혹은 호기심이 지나친 탓인지는 몰라도 담벼락이나 정원수 둥치나 몸이 들어갈 만한 구멍만 있으면 주저하지 않고 둥지를 틀어 알을 낳고 새끼를 키워가는 것이 퍽이나 기특하다. 굴뚝새 같은 것은 겨울의 나그네처럼 찾아와서 다시 어디론가 떠나버리지만, 언제나 현상 걸린 도주자처럼 구석진 곳을 찾아 몸을 숨기면서 순례 행각을 하고 있다.

몸이 검다고 해서 굴뚝새라고 이름 지어졌는지 몰라도 자세히 관찰해 보면 검은색을 바탕으로 아주 윤택이 나는 갈색 무늬가 온몸을 덮고 있는 것을 알 수 있다. 영어로는 「Wren」으로 젊은 여인으로 일컬어지기도 하는데 수줍어하고 숨어 다니기를 좋아하는 데서 나온 것 같다. 또 이 굴뚝새는 약한 몸매임에도 불구하고 '기교적 솜씨꾼'이라는 별명을 가질 정도로 둥지 트는 솜씨가 뛰어나다.

가끔 딱새도 찾아오는데 언제나 외톨이 여행을 즐긴다. 휘이휘이 딱딱 우는 소리가 무한한 외로움을 호소하는 것 같은 감회를 자아내게 한다. 암수의 날개색이 달라서 각각 다른 종류 새로 오인받기도 한다. 시냇가 상주객인 할미새도 잠깐 모습을 보였다가 어디론가 가버리기도 한다.

필자는 거의 매일 집 뒤 언덕 산을 한두 시간 산책한다. 봄에는 휘파람새 우는 소리가 요란하다. 좀처럼 모습을 보이지는 않는 새이지만 조심스레 나무 잎 사이를 더듬어 찾아보면 마주칠 때도 있다. 그 자그마하고 연약한 몸에서 그렇게도 풍부한 음량으로 노래할 수 있다는 것이 기이할 정도이다.

매화꽃이 필 무렵부터 울기 시작하여 벚꽃, 찔레꽃이 필 때 가장 전성기가 되는 것 같다. 찔레꽃이 떨어지기 시작하면 그 아름다운 휘파람새 소리도 변성기로 들어가서 점차 허스키한 목소리로 되는 것이 아쉽게 느껴진다.

생물 진화의 과정을 살펴보면, 이 아름다운 조류가 파충류에서 왔다는 것은 믿어지지 않는다. 조상새의 이모저모에서 파충류의 흔적이 뚜렷하고 보니 부정할 수도 없다. 알프레드 히치콕(Alfred Joseph Hitchcock) 감독의 '새'에서는 우리들의 일상적 조류관을 뒤엎고 마는데, 조상이 파충류라는 것을 감안할 때 그런대로 수긍이 가기도 한다.

화석 발굴을 통하여 밝혀진 조반목(鳥盤目)에 속하는 익용, 장경용 가운데 트라코돈(Trachodon)은 길이가 12m나 된다. 이러한 괴이한 새들이 괴이한 울음소리를 내면서 하늘을 날아다녔다고 상상해 보면 오늘날 우리들이 즐기는 철새 탐조(Bird watching)와는 전혀 이질적인 긴장감을 불러일으킨다. 옛날부터 원앙새, 백조 무리를 위시하여 대부분의 새들이 짝을 지어 죽을 때까지 순결을 지킨다는 것은 우리들의 희망적 믿음에 불과한 것 같다. DNA 검증에서는 그렇지 않다고 되어 있다는 것이 어색하다.

생물 진화 심리학자들은 모든 생물에 있어서의 암놈은 언제나 그 유전자의 연구 계승을 꿈꾸며, 가능한 여러 가지 특징을 가진 수놈의 유전자를 가진 새끼를 낳기를 원한다고 한다. 반면 수놈은 가능한 많은 암놈에게 그의 유전자를 심어 두기를 원한다는 것이다. 오직 인간만이 그것을 이겨내는 반 본능적인 도덕률을 수립하는 데 성공하였고, 그것이 곧 인류와 타 생물과의 갈림길의 원점이 되었는지도 모른다.

필자를 가장 슬프게 하는 것은 종달새가 한반도 하늘 아래에서 영원히 사라진 것은 아닐까 하는 것이다. 우리는 어릴 때부터 종달새 소리에 깨고, 종달새 소리를 들으면서 논, 밭으로 일터를 찾아 나갔다. 양사언의 "동창이 밝았느냐 ……."의 시조가 읊어졌던 때부터 종달새는 땅 위에서 찾아보기보다 언제나 머리 위 천계에서 찾아보았던 것이다. 또 종달새가 천계 저 멀리 가버린 것은 아닌가 생각하니 마음이 사뭇 아파온다.

22
녹화의 지구화

　필자는 케냐의 여자 국회의원, 그것보다는 절대녹화 운동으로 노벨평화상을 수상한 왕가리 마타이(Wangari Maathai)가 새삼 고맙게 느껴진다.

　이야기는 수십 년 전으로 거슬러 올라가 1960년 초반이 된다. 일본에서 장기 근무할 때 여러 번 양국 간을 항공기로 왕래했던 일이 기억난다. 김포공항을 떠나 처음 경험하는 비행기 여행이라 줄곧 비행기 창문을 통해 시선은 수천 미터 아래에 펼쳐지는 지상 경치에 매료되고 있었다.

　나무들이 거의 없는 벌거숭이 산 등선이 주마등같이 뒤로 밀려간다. 이윽고 해안선이 나타나고, 리아스식 해안을 따라 하얀 파도가 아름답게 육지와 바다의 경계선을 수놓고 있다. 그 후 당분간 푸른 바다가 이어지다가 항공기 아래에는 다시 육지가 나타나고 검푸른 산들 사이에 계곡 평야에 경지정리가 잘된 전답들도 보인다. 그 검

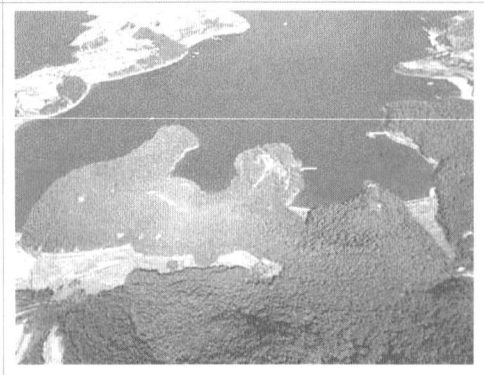
리아스식 해안

푸른 산은 경작지와 거주 지역을 제외하고는 울창하고 검푸른 수목으로 덮여있다.

항공기는 이제 일본 영토에 들어왔다. 귀국길에는 이것과는 정반대의 현상이 전개되는 것을 보았다. 산림녹화를 위한 비장함마저 느끼게 하는 1960년대 초반으로 기억되는 '절대녹화(絶對綠化)'라는 구호는 정부 당국의 누가 발의하였는지는 모르겠지만, 박정희 대통령 시대의 '산림 정책'이라기보다, '통치 정책'으로 뿌리 내리게 된 것 같다. 비장감마저 띠는 녹화 정책에 크게 당황한 계층도 많았을 것이다. 녹화만이 우리나라의 장래가 걸려있다는 일견 연계성 없는 것 같은 논리에 당황했다.

좀 더 거슬러 올라가 보면, 일제 강점기의 기억인데 세칭 사방공사 사업 이야기다. 어릴 때라 사방공사가 무슨 뜻인지 몰라도 나무를 산에 심는 것이 사방공사라는 것은 점차 알게 되었다. 필자의 기억으로 주로 오리목을 심는 것을 구경하였다. 빨간 민둥산에 계단층을 만들어 묘목을 심고 물을 주고 하였지만, 가난한 그 당시의 일본 국고로서는 식림 비용도 비용이지만, 육림까지는 결국 힘이 닿지 못하여서 대부분의 묘목들이 말라죽었다. 그때 우리들은 그것을 뽑아 집으로 가지고 와서 땔감으로 사용했던 기억이 난다. 그렇게 하여도 군데군데 뿌리를 내리고 오리나무 숲을 이루게 된 곳도 많이 있었다.

김소월의 시 속에 "산새도 오리나무 위에서 운다."고 하는 시 구절도 이와 같이 해서 조성된 오리나무 숲을 읊었는지 모른다. 압록강, 두만강 일대의 물푸레나무, 들메나무, 소나무의 원시림을 난벌하여 그 유명한 압록강 뗏목 풍경을 자아냈던 일본인들이, 이곳 남쪽 민둥산 녹화에 자못 힘을 쓴 것은 사실이다.

점차 동네 주위의 산이 벌거숭이가 되었고, 산소와 같은 묏자리에만 몇 포기의 소나무가 남아있었던 풍경을 기억하고 있다. 추운 겨울을 위한 땔감은 말할 나위 없고 우선 밥 짓고 국 끓이는 나무마저 얻기 힘들게 되었다. 결과적으로 남정네들의 땔감 나뭇길은 오리, 십 리, 이십 리 깊은 산속으로 뻗어 나가게 되었고, 어린 아이들도 땔감을 얻는 데 힘이 되려고 산으로 갔지만 나무가 없어 나무뿌리나 철쭉나무를 캐어 와서 땔감으로 사용했다.

아이들의 나무지게 위에는 낫이 아니라 언제나 괭이가 준비되어 있었다. 요사이도 고속도로나 철도 연변에서 "산림녹화에 우리 미래가 달렸다"라는 산림청에서 세워 놓은 계몽 광고를 보고 회심의 미소를 띠었다.

박대통령 당시의 '절대녹화'는 그 자체로서 많은 부작용도 불러왔다. 왜냐하면 대체 에너지의 하나로 우리나라에서 얻을 수 있는 것은 지하에 묻혀있는 무연탄뿐이었기 때문이다.

그 당시 석유산업, 원자력 산업은 걸음마 상태로 난방용 연료로는 별로 도움이 안 되니 '무연탄 채취'만이 '절대녹화'의 담보 사업이었다. 많은 사람들이 일산화탄소의 희생이 되었던 것도 우리가 기억하고 있다. '산림녹화'와 '경제성장'의 상관 계수는 측정하기 어렵고 별다른 상관성이 없는 것 같지만, 결국 '한국 강토'의 녹화는 오늘날 우리 경제를 가져오게 되었던 것이다. '산림녹화'에서 얻어지는 여러 가지 이득을 하나하나 거론하기도 하지만 그 많은 기여 요소에 앞서 '산림녹화'에도 신비로운 국운의 힘이 있는 것만은 사실이다.

'중동' 하면 우리는 곧 황량한 모래사막, 자갈, 바위 사막을 반사적으로 연상하게 된다. 그렇지만 이곳도 옛날에는 무성한 숲으로 덮여 있었다고 한다. 다행히도 사우디아라비아 외, 다수 나라가 지하에 많은 석유 에너지를 보유하고 있어 경제적인 어려움은 없지만, 그렇지 못한 사막 지대의 사람들의 빈곤 극복 고통은 이만저만이 아니다.

수메르 문명 쐐기 문자

인류문명의 효시라고 할 수 있는 수메르 문명의 터전이 된 티그리스, 유프라테스 강 유역은 수메르 문화가 개화하였을 때 울창한 숲이었다고 한다. 그러나 그 건국 신화의 주인공 길가메시(Gilgamesh)가 숲의 신 훈바바를 죽이고 나서 결국 그 숲의 문화는 몰락하고 말았다. 오늘날 완전히 폐허가 된 모헨조다로, 하라파 유적이 새삼 떠오른다.

언젠가 지방 신문에 '한 마을 한 숲 갖기' 운동을 하자는 기사를 썼다. 한 마을이 힘에 겨울 때는 행정 단위로서 한 면(面)이 한 숲 갖기를 하면 어떨까하는 생각도 해 보았다.

우리나라는 70% 이상이 산지이고 산에 나무가 많이 있는데 또 무슨 '숲 갖기 운동'을 하느냐고 반문하는 사람도 있을지 모른다. 여기서 필자가 말하는 숲은 주변 사람들이 그 숲속에 들어가서 휴식도 취하고 할머니, 할아버지 그리고 보행이 불편한 사람들의 휠체어가 다닐 수 있도록 잘 가꾸어진 숲을 뜻하는 것이다. 여름 방학은 말할 것도 없고, 그 주위 학생들의 '자연 학습장'으로서 숲을 말하는 것이다. 일본에서 말하는 사토야마(里山)가 바로 그것이다.

뉴욕 시내의 중앙 공원, 베를린 중앙에 자리 잡은 티어가르텐 공원, 서울의 남산, 고궁을 둘러싸고 있는 공원은 그 도시의 허파 역할을 하고 있다. 예를 들어 부산시내에 자리 잡고 있는 하얄리아부대 미군 기지를 그대로 숲으로 조성하였을 때 연상하기만 하여도 마음이 푸르러진다.

이젠 한 지역 한 국가 단위의 나무 심기 운동을 넘어 지구 단위로 확장되어 나아가야 할 시점이다. 황사의 피해를 막고, 교토의정서를 지켜나가는 것만이 지구 온난화를 지연시키는 일이 된다. 바야흐로 녹화의 지구화 시대가 왔다. 탄산가스를 흡수하고 산소를 내뿜는 나무를 심자고 외치고 싶다.

23
가비

"어린이 야단 말라 내가 온 길!, 노인 보고 웃지 말라 내가 갈길!"
이라는 신조어 속담이 있다. 한 국가 단위로 고령화되어 국력이 쇠
약해진다는 분석에서 고령화에 의한 취약 지수를 가비(GAVI)[1]라
한다.

최근 한국의 통계청에서 2050년 인구의 1/4 이상이 65세가 되며
세계에서 가장 빨리 고령 사회가 된다고 예견하고 있다. 결혼을 하
지 않으려는 미혼 여성이 늘어나고, 결혼을 해도 아이를 낳지 않거
나 적게 출산하려는 사회적 분위기로 바뀌면서 출산인구가 점차 낮
아지고 있다.

이처럼 출산율은 낮아지고 의학기술의 발달로 인해 고령화 시대
로 접어들면서 사회전체의 생산율은 저하되고 이에 따라 국가발전

---

1) Gross Aging Vulnerability Index.

에도 막대한 차질을 빚어내게 된다. 인구의 분포도는 역 피라미드 형태가 되며, 생산가능 인구가 줄어들어 인구에 비해 생산성은 현저히 낮아지고, 노령인구의 증가로 인해 각종 사회안전망이 확충될 것이며, 이에 따라 각종 세금부담이 많아지게 된다. 국가의 백년대계를 이끌어가야 할 핵심 인력의 부족으로 인해 국가의 전략 및 기간산업에도 막대한 차질이 빚어질 것이다.

더 나아가 고령화는 가족에 대한 노부모 부양에 대한 부담을 증가시켜, 냉엄한 시장 경제에서 쓸모없는 것은 미련 없이 가치가 상실되고, 과감하게 정리해 버려야 한다는 멘털리티가 무의식중에 우리들 마음 한 구석에 싹트게 될 것이다. 사회 기여 측면에서 경제적 능력이 상실된 노년층이 젊은층에게 곱게 비출 리 만무하다.

우리 인류는 길고 긴 진화 과정에서 결정적인 요소로 작용한 적자생존의 의식이 우리 세포 속 유전자로서 자리하고 있는 것도 간과할 수는 없을 것이다. 동물의 세계에서 일어나고 있는 상처 입은 사자나 노쇠한 원숭이의 지난날 권위나 위세는 간 곳 없고, 동료 무리들의 학대로 죽을 장소를 찾아 방황하는 광경이 우리 인류 사회에서도 가끔 일어나고 있다.

미국 인디언들이 유난히 노인을 존경하고 순종하는 것을 본 젊은 서구인들은 이해할 수 없는 신비성을 느꼈다고 한다. 광활한 신천지를 찾아온 이들에게는 말과 총, 그리고 각자의 무한한 체력만이 살아 나갈 수 있는 길이라고 굳게 믿었다. 결국 적자생존의 의의가 농축된 상태로 전개되는 곳이 미국의 신천지 서부였을 것이다.

어떤 젊은이가 노인에게 "왜 고령자를 존경해야 합니까? 고령자를 보호한다는 것은 인도적 측면에서 이해가 가기도 하지만 존경해야 할 것까지는 없다고 생각합니다."라는 질문을 했다. 여기에 대한 답변으로 한 노인은 "우리는 젊었을 때 오늘의 번영을 위해 땀 흘려 일해 왔다. 이젠 정말로 반사(半死)의 백두옹이 되었으나 너희들로부터 보호를 넘어 존경받을 만한 자격이 있다고 생각한다."라고 말하니, 옆에 있던 다른 노인이 빙그레 웃으면서 "땀 흘려 일 해 왔다는 것도 중요하다. 지금 나이 70을 훨씬 넘은 나이까지 연명하고 있다는 '우연'도 과소평가해서는 안 될 것이다."라고.

생각해 보면 노인에 대한 존경심이 떨어진 현대 사회에서 미증유의 기술화와 변신으로, 늙은이의 머릿속에 쌓아 올려온 지식이 가치를 상실하였다는 데서 그 원인을 찾을 수 있을 것이다. 이것은 무선 이동 정보 기술의 발달로 유선 고정 통신망이 단숨에 가치 없이 되어버린 것과 같다.

우리 주위를 살펴볼 때, 불과 얼마 전만 하여도 가보같이 대우받던 녹음기나 소형 사진기가 거의 쓰이지 않고 먼지가 쌓이고 있다는 것을 생각하면, 오늘날 노인이 가지고 있는 지식은 거의 가치를 상실한 쓸모없는 지식이 되어버린 것이 당연한 일인지도 모른다. 과거에 '문맹'이, 오늘날 '컴맹'이라고 감가 처리되는 것과 마찬가지이다.

그러나 여기에서 간과해서는 안 되는 것이 있다. 노인은 낡은 지식만을 가지고 있는 것이 아니고, 지식이 뇌 안에서 무의식중에 그 지식을 발효시켜 지혜로서 저장하고 있는 것이다. 지식이 지혜로 질적 변화를 하는 것은 인간의 뇌에서만 이루어지는 것이며, 아마 이것만은 컴퓨터의 기능이 끝까지 일으킬 수 없는 메커니즘일지 모른다.

말하자면, 인(仁), 의(義), 예(禮), 지(智) 같은 가치 창조는 인간의 뇌만이 할 수 있는 것이며, 컴퓨터의 영역에서는 벗어나는 것이다. 컴퓨터는 아무리 업그레이드되어도 지식의 질적 전환을 일으키지는 못한다. 그러나 인간의 뇌는 지식의 질적 전환을 일으켜 '마음'이라는 것을 만들어내는 것이다. 우리가 흔히 말하는 '사람의 마음'이라는 불가사의는 여기서 나온 말이다. 컴퓨터는 '할 수 있는 것', '이치가 맞는 것'을 하지만, 사람의 마음은 '하는 것', '이치에 맞지 않는 것'도 지혜롭게 처리할 수 있는 것이다.

아프리카의 노인은 그가 속한 부족 집단의 도서관 역할을 할 수 있으며, 가치판단의 눈금으로도 얼마든지 일을 할 수 있다. 가격 판단은 시장이나 컴퓨터에게 맡기고 가치판단은 역시 지혜 있는 노인에게 맡기는 것이 바람직할 것 같다.

24

원리주의와 르상티망

"성경과 코란에 분명히 적혀있지 않으냐? 우리는 그것을 따를 뿐이다."라는 말은 원리주의(原理主義)의 시발점이 된다고 볼 수 있다. 성경은 곧 하느님의 말씀이요 더욱이 코란은 그것을 넘어서서 그 자체가 바로 예언자와 동격으로 추앙받고 있다.

코란

한때 뉴스위크지가 기사의 내용 때문에 야기된 코란 모독 소란이 그것을 말해 주고 있다. 테러리스트 용의자들을 격리하여, 신문하고 있는 관타나모(Guantanamo) 수용소에서 코란을 수세식 화장실에 그대로 흘려보냈다는 것이 발단이다. 하기야 2003년 대구에서 열린 하계 유니버시아드 대회 때 평양에서 온 미녀 응원단이 김정일의 사진이 들어 있는 현수막이 비에 젖는다고 울면서 이를

걷어서 가슴에 안고 차에 탔던 사건을 기억하고 있다. 그 모습을 남한사람들은 도저히 이해할 수 없을 것이다. 그렇지만 그 미녀 응원단들은 그렇게 받아들이지 않았다. 김정일의 초상이 그려진 현수막을 김정일과 동일한 신성불가침의 대상으로 여기는 것은 이슬람교도가 코란에 대해서 느끼는 심정과 동일한 것이다.

최근 네덜란드에서 일어난 예언자 무하마드의 만화가 빚어낸 소동도 그런 것이다. 당국에서 언론의 자유라는 원칙을 아무리 앞세워도 요원(遼遠)의 불길같이 전 유럽으로 번져갔다. '원리주의'는 곧 '근본주의'와 맥을 같이 하고 있다.

「Evangelical」의 사전적 정의는 형용사로 복음(福音)의, 복음전도의, 나아가서 근본주의(根本主義)의, 신교의, 십자군적(十字軍的), 전투적 등이다. 이것은 성경이나 코란에 충실하게 행동하는 것을 기약하며, 이에 적극적으로 충실하려고 하다가 보니까 공격적인 성향을 띠게 되는 것이다. 여기서 '십자군적'이라는 말은, 서기 1095년 교황 우르바노 2세(Urbanus Ⅱ)가 십자군을 편성하였을 때도 '신의 뜻(God wills it)'이라고 단정 짓는 구호를 내걸고 있다. 구약성서의 약속대로 알라를 신으로 삼는 이교도인 이슬람 신도를 토벌해야 된다는 것이다.

성서에 그렇게 되어 있으니 이것은 아무도 시비를 걸지 못한다는 것이다. 선택의 여지가 없는 결심이며 행동이라고 믿었던 것이다. 7차에 걸친 십자군의 원정이 결국 어떤 결과를 가져왔는가를 묻기

전에 오늘날의 이슬람교도들이 그들 뇌세포의 무의식층에 심어온, 크리스천에 대한 불신 내지는 증오를 싹트게 만들었다.

여기서 생각나는 신문 기사가 있다. 그는 일본국제교류기금의 프로젝트로 이슬람권에서 일하고 있는 사람인데 그가 말하기를, "원리주의는 뒤집어 볼 때 근대주의의 산물"이라고 전제하고, 근대는 곧 선을 긋는 일을 하고 있으며 국경, 종교, 선악에 선을 긋는 것이다. 그리고 원리주의란 본질을 거슬러 올라가면 반드시 '상처 입은 영광이 자리 잡고 있다'라는 것이다.

예언자 모하메드(Mohammed)에 의해서 요원의 불꽃처럼 중동 아시아, 아프리카 나아가서는 아라비아 반도로 이어졌던 사라센의 영광이 십자군으로 제동이 걸리고 훗날 이슬람의 아성격인 오스만터키가 크리스트교계의 연합군에 의해서 무너졌다는 것이 바로 그것이 아닐까 하고 추리된다. 르상티망이란 불어의 「Ressentiment」이며, 영어의 경우 「Resentment」와 뿌리를 같이하고 있다. 그 뜻은 노여움, 불만, 원한, 차탄 등으로 되어있다. 아주 등등하던 콧대가 타인에 의해 비참하게 꺾였을 때 이 르상티망은 가슴 속 깊이 뿌리를 내리고 만다.

이와 관련하여 중국 한족(漢族)의 흥망성쇠를 더듬어 보면, 황하를 중심으로 중원문화를 키워온 한족들의 문화적 콧대는 대단히 높았다. 가끔 무법적인 북방 유목민들이 괴롭혀왔으나 문자 그대로 호족, 즉 오랑캐의 야만족을 대등하게 대우할 수는 없었다. 마침내 인류 역사상 피라미드 사업 이상으로 미련한 토목 사업인 만리장성을 쌓게 된 것도 어디까지나 오랑캐는 오랑캐로 치부하기 위한 것이었다.

그러나 거란족과 원제국이 일어나자 대세는 달라지고 송은 거란족에게, 다시 원에 쫓겨, 한때는 귀양살이의 벽지로 여기고 있었던 강남땅으로 이동하게 된다. 이젠 실력으로는 도저히 그 르상티망을 갚을 수 없다는 것을 깨닫자 관념으로 호도(糊塗)할 수밖에 없게 되었다. 그 열매가 바로 주자학이다. 그 대신 가공적 '대의명분론'은 엄격하여야 했다. 말하자면 이데올로기의 싹을 키우게 되었다는 것이다.

이데올로기는 모든 사항을 O, X로 일도양단(一刀兩斷)한다는 발상으로 아주 날카로운 칼이다. 흑백 사이에는 어떠한 회색영역도 용납하지 않는 '절대정의'의 개념이 확립된다. 자기주장 이외에 것도 용납한다는 관용의 마음은 서서히 퇴조되고, 그와 같은 상식을 가진 사람들은 분별없는 사람으로 폄박하였다. 공산주의 이데올로기에서는 회색분자라고 매도하였으며, 이는 백색분자보다 더 악질이라는 낙인을 찍는다.

이렇게 볼 때 원리주의, 근본주의, 대의명분론은 거의 같은 맥락에서 형성되는 것이며 공통 저변에 타자의 주장에 대한 제로 톨로런스(절대 불관용)의 멘털리티를 지니고 있는 것이다.

우리 문화를 흔히 '한'의 문화로 규정짓고 있다. '상처 받은 영광'

이 원리주의의 속성이라고 전기한 문장이 상기된다. 출람소화(出藍小華)를 자처하던 우리는, 야만 후진으로 믿고 있던 일본에 의해서 병탄(並吞)되어 버리니 '오호통재'로 말을 잃게 되고 그 한은 뿌리 깊게 우리 민족 한 사람 한 사람의 가슴속에 묻게 된다. 우리 민족의 르상티망의 속성을 어느 정도 알 것 같다.

우리는 이스라엘이나 이슬람권 같은 신과의 계약에서 양성된 '원리주의' 속성을 갖고 있지는 않으나 '상처 받은 영광'에 의한 르상티망의 원리주의 속성은 줄곧 우리 가슴속에 뿌리 내리고 있다. 이 르상티망이 변신되어 현실의 정치에서 발언권을 얻게 되어서는 안 될 것이다. 전면 주시만이 안전 운전의 대원칙이며, 백미러(Back mirror)로 운전하는 우를 범해서 안 된다.

르상티망의 증후군을 고치기 위해선 미국에게 배울 점이 많다. 미국에 모인 온갖 국적을 가진 사람들의 신상 이야기를 듣자면 끝이 없을 것이다. 감자 대흉작으로 아일랜드에서 굶어죽지 않기 위해서, 베트남의 공산 통일로 베트콩에서 처형당할 운명을 피하기 위해서 보트 피플(Boat People)의 일원으로, 혹은 6.25의 참변에 놀라, 혹은 버림받은 고아로서 입양되어 미국에 모이게 된 것이다. 처음 생겨난 청교도의 이민단은 더욱 절실한 사정을 가지고 있었다. 그들은 과거의 한들을 떨치기 위하여 희망의 지평선을 주시하면서 전진의 나날을 거듭하여 오늘날의 미국을 이루어냈다.

종교의 본질에서 부인할 수 없는 것은 '현세거부'라는 가치관이 저변에 있는 것과 같이 사상의 이데올로기는 곧 사상의 종교화를 가져오며 이것이 암세포처럼 너무 순진하게 주위의 조직 세포를 무시하고 독주하는데, 암의 무서움이 도사리고 있다는 것을 간과해서는 안 된다. 맹목적 집착은 코란이나 성서의 본질을 결국 왜곡하여 버리는 것이다.

25
무의식의 세계

　살바도르 달리(Salvador Dali)는 초현실주의 화가로 상상력의 천재이기도 하다. 그의 기괴한 그림 중에 1944년에 그린 「잠에서 깨기 직전 석류 주변을 날아다니는 한 마리 꿀벌에 의해 야기된 꿈」이라는 그림이 있다.

　그 여인의 꿈속으로 들어가 보면, 팔뚝에 착검을 한 장총은 분명히 곤충의 위협적인 찌름을 암시하고 있다. 반대로 왼쪽부터 보면, 아주 먹음직스러운 석류의 터진 껍질 사이로 물고기가 뛰어나오고, 붉은 색 머리의 큰 물고기 입속에서 첫 번째 호랑이를 뱉어내고, 두 번째 호랑이를 뱉어내고 있다. 첫 번째 호랑이가 착검을 한 장총을 쏠듯이 노려보고 있다. 하지만 이렇게 쏠듯이 포효하고 있는 것은 바로 뒤에 호랑이가 앞 호랑이의 꼬리를 물고 있기 때문이다.

　이 그림은 제목 그대로 한 젊은 여인이 나체의 모습으로 해변에서 낮잠을 자다가, 잠에서 깨어나기 직전에 아래에 있는 석류 주변

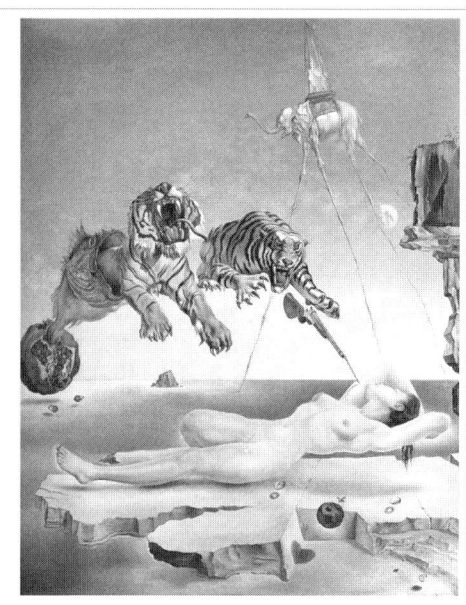

「Dream Caused by a Bee Flight」, Salvador Dali, 1944

에 날아다니는 한 마리 꿀벌이 있었는데 조그마한 꿀벌의 효과가 여자를 기이한 꿈의 세계로 인도하는데 그 꿈속에서 물고기, 호랑이 그리고 총으로 형상화되어 에로티시즘이 폭력적인 연회장으로 달리의 작품에 등장하고 있는 것이다. 살바도르 달리 이외에도 초현실주의 화가로 데 키리코(De Chirico), 호안 미로(Joan Miro) 등이 있다.

20세기 초 프로이드(S. Freud)는 오스트리아의 신경과 의사였으며, 정신분석의 창시자이다. 히스테리 환자를 관찰하고 최면술을 행하며, 인간의 마음에는 무의식층이 존재한다고 하였다. 그는 독특한 '꿈의 해석'을 통하여 많은 환자들을 치료하려 하였다. 앞에 언급한 초현실주의 화가들이 프로이드의 영향을 받았다는 것은 의문의 여지가 없다.

하기야 이 무의식의 발견은 미술 분야를 비롯해 문학 분야까지 요원의 불길같이 퍼져나가기 시작하였다. 특히 합리주의, 계몽주의의 엄격한 교조적 군림에 식상함을 느끼고 있던 때이다. 이것에 정면 돌파를 꾀한 것이 루마니아 시인 차라(T. Tzara)의 다다이즘이라고 한다면, 새로이 깃발을 올리게 된 초현실주의는 그것을 재치 있게 극복한 산물이라 할 수 있다. 초현실주의 운동의 주창자인 앙드레 브레똥(Andre Breton, 1896~1966)을 위시한 초현실주의 시인들의 무대가 펼쳐지는 것이다.

의식층이 표면에 드러난 빙산의 '일각'이라 한다면, 무의식층은 바다 아래에 숨겨진 어마어마하게 큰 빙산의 전부라고 볼 수 있으며, 초현실주의 작가들의 배경이 되고 있다. 우리의 현실적 의식은 무의식층에 떠 있는 매우 엷은 상부 표층에 불과하다. 이성(理性)이라고 하는 말을 즐겨 쓰는데, 이성은 곧 의식층에서 형성되는 것이며, 이것과 대치되는 감정(感情)은 무의식층에서 형성된다.

저명한 뇌 과학자인 스티븐 핀커(Steven Pinker)의 주장에 의하면, 우리들의 모든 결단은 감정으로 이루어지며, 인간이 이성적으로 믿고 있는 것 중에도 감정이 이미 자리를 잡고 배후 조종을 하고 있다는 것이다. 이런 관점에서 볼 때 프로이드가 제창한 무의식층의 발견은 대단히 의의가 있다고 볼 수 있다. 의식층의 엷고 좁은 울타리 속에서 맴돌던 문화·예술의 지평선은 무한정으로 개방되었다.

게다가 구조주의의 영향을 받은 자끄 라깡(Jacques Lacan)은 무의식층이 구조화되어 인간 속에 자리 잡고 있다고 주장하기에 이른다. 인간 자신(Internal person)의 존재는 완전히 부정되고 우리가 듣기 좋은 이성적 판단은 그 기저에 무의식층의 감정적 판단이 이성이라는 겉옷을 입고 나타난 것에 불과하다는 것이다. 인류의 역사를 통람할 때 이성적인 판단으로 출발되었다고 생각하기에는 너무나 끔찍한 비극이 매일같이 일어나고 있다.

원인(猿人)을 거쳐 오늘날 우리 인류가 되기까지 500만 년 정도로 추정하고 있는데 여러 인류 동족들이 지구상에 자취를 감추게 되고 가장 운이 좋고 적응력이 뛰어난 종족만이 살아남았다고 생각해보면, 우리는 복 받은 종족이라고 할 수 있다. 살아남기 위해 온갖 수단을 활용하였을 것이며, 그것이 DNA로서 우리 염색체 속에 정리 보존되었을 것이다. 결과적으로 무의식층의 창고는 우리 상상을 훨씬 넘는 거대한 유전자의 창고라고 할 수 있다.

인류를 정의하는 호모 사피엔스(Homo Sapiens)의 지혜(Sapiens)는 인류가 겪어온 길고 긴 생존경쟁이라는 진화의 맷돌에서 쌓아올린 산물이라 할 수 있으며, 이것은 본능이라는 말로 대처하여도 무방할 것이다. 우리는 흔히 '동물적 본능'이라는 표현으로 본능을 이성으로 극복하고 있는 것처럼 말하고 있다. 사실은 구조화되어 있는 본능이 수시로 이성의 옷을 입고 나타날 따름이다.

과학자 폴러니(John Charles Polanyi)는 암묵지(暗黙知)라는 용어를 사용하고 있다. 이것은 구조화되어 내재하는 무의식층을 가리키고 있는 것이다. 우리가 어떤 기술을 습득하는 과정에서도 이 암묵지의 도움으로 이루어지고 있으며, 일단 기술을 습득한 후에 이성적인 설명을 가하는 것이다.

살바도르 달리가 우리에게 제시하는 기괴한 그림들은 우리가 평
소에 생각하지 않는 무의식의 세계, 혹은 꿈의 세계를 적나라하고
생동감 있게 보여주는 미술사적 역할을 하고 있다.

26

군사력 · 경제력 · 문화력

군사력 · 경제력 · 문화력을 사람에 비추어 보면, 주먹세기, 돈주머니 그리고 광범위한 교양이라고 말하면 된다. 여기서는 한 국가를 비유해서 이야기하고자 한다. 먼저, 군사력에 치우친 국가, 경제력에 자만한 국가, 그리고 사회 여러 영역에 있어서 복지, 의료에 배려하는 국가를 문화국이라고 정의하면 되겠다. 나아가서 문화력이라는 것은 군사력, 경제력이 바탕이 되어 이루어지는 통괄적 에너지라고 해도 과언이 아니다.

이 세 가지의 균형 발전을 위해 이 글을 쓰고 있다. 문득 무리지어 사회생활을 하고 있는 곤충들이 생각난다. 꿀벌, 개미가 여기에 해당할 것이다. 한 마리의 여왕벌과 수만 마리의 일벌과 수백 마리의 수벌로 발달된 사회생활을 한다. 일벌은 그야말로 일편단심 꽃을 찾아 밀원(蜜源) 수집에 진력한다. 여왕벌은 자손 번식을 위한 산란에 종사하고 수벌은 생식이라는 유일의 조건이 이루어지면 죽음밖에 남는 것이 없다. 일벌들은 작업 중에 부상을 입거나, 또는 말벌의 습격을 받았을 때도 여기에 대한 별다른 대책을 세울 줄 모른다. 그냥 꿀을 생산하기 위한 집단이고 보니 이것은 경제력만을 키운 국가라고 보면 된다.

다음 개미의 경우를 보면 다가올 겨울을 위하여 식량을 저축하는 데 혼신의 노력을 다한다. 흔히 길가에서 자신의 크기 몇 배나 되는 잠자리나 나비의 시체를 운반하는 광경을 볼 때마다 그 기적에 가까운 힘이 어디서 솟아나오는지 의아할 때가 있다. 여기서 병정개미를 살펴보면, 병정개미는 개미나 흰개미 따위의 사회생활을 하는 집단에서 적과 싸우는 임무를 맡은 일개미로 특별히 머리가 크고 양턱이 잘 발달하였으며, 머리 앞쪽에 방위용 분비액의 사출구가 있다. 대체적으로 외적의 침입을 막는 것을 주 임무로 하고 있다. 여왕개미는 여왕벌과 같이 자손 번식을 위하여 열심히 산란하는 몫을 다한다. 이 경우는 군사력과 경제력을 겸하고 있는 국가라고 할 수 있다.

오늘날 지구상에는 담을 치고, 여권을 발행하고 비자를 발부하면서 살아가고 있다. UN 본부 앞에 200여 국가들의 만국기가 줄지어 펄럭이고 있다. 그 중에는 울타리를 낮추고 있는 유럽 연합도 있지만, 아주 높이 담을 쌓고 있는 나라도 적지 않다.

'30년 전쟁'의 총결산으로 맺어진 웨스트팔리아(Westphalia) 조약을 계기로 신성 로마 제국은 멸망하고, 그 안에 많은 영분군주(領分

君主)들은 독립을 찾게 되고, 처음으로 주권국가라는 개념도 싹트게 된다. 결과적으로 내정관습은 터부(Taboo)시 되고, 20세기에 들어서서 세계 제1차대전이 발발할 때까지는 중소국가 간의 분쟁은 이 내정불간섭의 대원칙하에서 나름대로 해결되고 있었다. 흡사 부부 사업에 관여하는 일이 거의 터부시 되어 온 아시아 유교적 윤리관과 닮았던 것이다. 그러나 그것의 역기능이 점차 비중을 더해가고 있는 것이 오늘날의 사회상이며, 나아가서 국제간의 관계이기도 하다.

이 순간 쉽게 우리는 북한의 김정일 정권을 머릿속에 떠올릴 것이다. 잘못된 정치 이념과 그것을 억지로 관철시키겠다는 조선노동당의 고집으로 많은 죄 없는 사람들을 강제 수용하여 격리시키고 잘못된 농업정책으로 식량의 부족을 야기해 많은 사람들을 아사 내지는 굶주림의 나락으로 밀어 넣고 있다.

모택동은 대약진 운동으로 3천만 명을 아사시키는 결과를 몰고 왔다. 북한에서 아사 인구는 인구 비율로 볼 때 이에 못지않다. 이러한 일들이 현 지구상 곳곳에서 일어나고 있지만, 내정불간섭이라는 금기 때문에 수수방관 하여야 하는 것이 오늘날의 현실이기도 하다. 김정일 일인 천하의 북한을 군사력 만능의 국가라고 불러도 좋을 것이다.

한때는 북한의 군사력을 과소평가한 우리 지도자도 있었다. 백성들이 먹고 사는 데에 급급한 처지에서 군사력인들 별것 있겠는가 하는 것이었다. 흡사 툭 치면 터지는 봉선화 열매같이 생각했던 것이다. 그렇지 않다. 아무리 보아도 북한은 그들 스스로가 외치고 있는 것과 같이 강성 대국이다. 문화력을 키우는 투자에는 지극히 인색하면서, 빠듯한 경제력을 모름지기 강성 대국의 국시로 삼은 선군 정책에만 쏟아 붓고 있다.

게다가 요사이는 핵폭탄 보유까지 떠벌리고 있다. 핵무기 소유 여부에 대한 확실한 속사정은 알 수 없지만, 그렇게 떠벌리는 자체가 결코 심상치 않다. 최근 중국이 괄목할 만한 약진을 하고 있다는 것을 매일같이 보고, 듣고 있다. 오랫동안 '잠자는 사자'라고 두려워했던 것이 현실화되고 있는 것이 세계 매체들의 논조이다.

중국이 그동안 깊은 잠에 빠져 있었던 것은 사실이다. 모택동은 대외적으로 높은 담벼락을 쌓고 공산주의의 실험을 아무런 거리낌 없이 자행하였다. 그러나 일이 여의치 않게 되자 마지막 승부를 걸어 보았다. 곧 문화 혁명이다. 물질주의에 대한 정신주의의 도전이라고 하지만, 그것만은 아니다. 모택동 일생일대의 궁여지책이기도 하였다. 이 결과 많은 젊은이들을 문맹으로 몰아넣게 되고 민생을 더욱 도탄에 빠뜨렸다. 5천 년 이상 쌓아올린 계측을 불허하는 문화적 유산들이 불타 소멸되고, 인멸되었다.

문화혁명이 기승을 부릴 때, 일본의 어느 학자는 "우리들이 중국 문명의 마지막 방위자가 되어야 할 때다"라고 하고 있다. 아마 모로하시 데쓰지(諸橋轍次)의 『대한화사전(大漢和辭典)』을 염두에 두고 한 이야기일 것이다.

아편전쟁

13억 이상의 인구 대국인 중국이 현시점 공산당 집권하의 자본주의 경제 시장이 어디까지 갈지는 의문이다. 19세기 영국과 치른 아편전쟁, 뒤따르듯 청일, 중일 전쟁으로 그들의 국가 내지 민족의 위신은 완전히 땅에 떨어지고 그들이 가슴속에 입은 상처는 민족적 한으로 맺혔다. 오늘날 중국의 지속적인 군사 예산의 가파른 상승세는 상처받은 지난날의 영광을 되찾으려는 집념이 반영되고 있음을 보여준다.

여기서 필자의 백주몽을 적어보자. 지금까지 국제 분쟁을 막는 데 적지 않게 기여해 온 '국가 주권 신성시'의 멘탈리티는 고쳐야 할 때가 왔다. 웨스트팔리아 조약을 가리켜 독일 제국 즉 신성 로마 제국의 '사망증명서'라고 야유했지만, 이제 다시 '주권 국가 신성시'에도 사망증명서를 발부할 때가 아닌가 생각된다. 그 대신 인권, 남녀 평등권, 환경보존권이 신성시 되어야 할 때이다.

김정일 독재 정권이 아무리 대단하다 하더라도 북한 국민들의 인권을 자의로 밟아서는 안 되며, 미국이 그들의 산업력 보호에 아무리 매진하여도 교토의정서를 휴지 조각으로 할 권리는 없으며 중동의 여러 이슬람 국가들이 아무리 석유에서 얻은 돈이 많고 무세금의 선정을 펴고 있다고 하더라도 여성에 대한 억압을 종용할 수는 없을 것이다.

프리덤 하우스(Freedom House)에서 녹색의 상징은 바로 문화력의 신장도로 간주하면 될 것이다. 고령자, 신체장애우, 경쟁력 결여자들의 공평한 공존을 위한 정책, 언론의 절대 자유, 공정한 보통선거, 여권의 신장, 대기, 물, 공기를 오염시키지 않는 것, 신앙에 대한 무한한 관용 등이 문화력의 제요소들이라고 할 수 있다.

27

생모와 양모

    수요일 아침 8시 30분에 언제나 TV앞에 시선을 집중하며 기다린다. 아침마당에서 긴 세월 헤어졌던 가족들의 극적인 만남, 감동의 한마당이 되는 "그 사람이 보고 싶다"가 손범수 씨와 이금희 씨의 사회로 진행되고 있다.

    아내의 영향도 있겠지만, 지금까지 별로 시청을 놓친 적이 없다. 그렇다고 필자의 주위에 그와 같은 애끓은 사연을 가진 사람이 있는 것도 아니다. 가끔 바다를 건너와서 생모를 찾는 외국 입양 자녀들도 있다. 항간에서 들리는 이야기이지만, 우리나라 어머니들의 입양 수효 비율을 보면 국내입양과 해외입양 비율이 1:2 정도라고 한다. 그렇다고 우리나라 어머니들이 자녀에 대한 애틋한 사랑이 다른 나라보다 뒤진다고는 할 수 없다.

    문제는 첫째, 우리나라 공적 시설 즉 입양하는 아이들을 받아들이는 공간이 부족하다는 것이 이유가 될 것이며, 둘째, 우리들 마음속에 혈연에 대한 집착이 강하다는 것이다. 어쩌면 입양과 어머니의 자녀 양육에 대한 관심과는 서로 모순이 되지만, 이것은 바꾸어 말하면 이 땅에서 온전하게 키우지 못한다면 외국에 가서 좋은 양부모를 만나 인간다운 일생을 보내게 하는 것이 낫겠다는 혈연을 넘어서는 목멘 소원이 깃들어 있다는 것이다.

이렇게 입양된 자녀들이 한국어도 모르고, 완전히 외국 문화를 받아들인 외국인이 되어버린 채, 한국에 와서 생모를 찾는다는 것이다. TV 속 진행자의 질문에서 "왜 생모를 찾으려 합니까?" 대답인즉, 나를 낳아주신 어머니가 어떤 분인지 알고 싶다. 또 다시 "당신을 입양시킬 수밖에 없었던 어머니의 기막힌 사정을 이해하시겠지요?"하고 질문하니 "물론입니다. 지금 이 먼 곳까지 생모를 찾아오게 된 것은 추호도 원망이나 서운함이 있어서가 아닙니다."라고 답변하는 경우가 대다수이다.

이러한 진행과정을 거쳐 생모를 찾는 경우도 있고, 아쉬움과 서운함을 남긴 채 그냥 돌아가는 경우도 있다. 흔히 '낳은 정, 기른 정'이라는 말을 잘 쓴다. 필자의 경우는 후자를 더욱 소중히 여기고 있다. 외국에 입양되어 간 자녀들의 양부모들이 생모를 찾도록 여러 가지 흔적이 될 만한 것들을 잘 보관하고, 생모를 찾을 수 있도록 협조하고 있는 것을 보고 가슴이 뭉클해 오는 것을 느낀다.

양부모의 입장에서는 그 양자녀들이 얼마나 생모를 보고파 하겠는가 하는 노파심이 마음 한구석에 자리 잡고 있어서일 것이다. 그러나 이들 외국 입양 자녀들이 말하는 '나를 낳아준 어머니가 어떤 분인가 알고 싶다'는 지극히 사무적인 대답이 생모를 찾는 이유의 모두 일 것이다. 호기심이라 하면 좀 가혹한 표현이 되겠지만 어떻든 그 이상의 여유는 별로 없다고 봐야 할 것이며, 진정한 사랑이나 존경은 양부모를 향하고 있을 것이다.

이 시점에서 사람이 아닌 사물, 그 중에서도 생활필수품, 예를 들면 텔레비전, 자동차, 카메라 등으로 돌려서 이야기를 전환해 보자. 먼저 텔레비전의 생모는 미국이라고 하면 정답이 될 것이다. 다음 자동차의 생모는 프랑스를 기점으로 미국이라고 하면 정답이다.

마지막으로 카메라의 경우는 사진술의 원리 발견을 볼 때 '아라고(J. Arago)'라는 프랑스인이다. 사실 오늘날 생활필수품처럼 되어버린 휴대용 소형 카메라도 무대 뒷전으로 서서히 물러나고 있다. 한 때는 독일의 라이카가 카메라 시장을 석권하고 있었으나, 일본의 니콘이 카메라가 시장을 대거 점유하고 있다.

자동차의 경우는 본 고장 미국을 추월하여 일본의 렉서스 형이 미국 시장뿐만 아니라 세계적인 브랜드, 벤츠나 BMW를 추격하고 있다. 오늘날 같은 중상주의(重商主義) 시장 경제에서는 산업 제품이 양모에 의한 부가가치로 결정된다. 이와 같은 현상은 생모의 몫이 양모의 몫에 대적되지 않는다는 것을 잘 말해주고 있다.

입양한 자녀를 잘 키워 사회에 크게 이바지할 수 있는 훌륭한 인격자를 만들어내는 것은 흡사, 우리들의 생활 기기들의 리모델 효과와도 닮아 있다. 그렇다하여 사람을 양육하는 중요한 일에 '부가 가치'란 표현을 사용해서는 안 되며, 창조주의 노여움을 살 일이다. 여하튼 잘못 양육되어 사회 질서를 파괴하는 현실을 생각할 때, '가치 있는 사람', '가치 없는 사람', '피해만 주는 사람'이 뇌리에 떠오른다.

현대 사회는 분자 유전학의 발달로 인간은 천성적인 형질이 있는 DNA를 가지고 나온다고 한다. 이것은 어디까지나 경향성 DNA에 불과하며, 양육 과정에서 얼마든지 고쳐질 수 있다는 것을 유전인자 만능의 생물학자마저 인정하고 있다.

요리의 경우, 동일한 재료를 사용해도 요리 과정에 있어서 미묘한 차이로 전혀 결과가 달라질 수 있는 것은 우리가 일상적으로 경험하는 바이다. 미혼모의 자녀 보육에 있어 음지에서 음지로 훈육이나 교육도 받지 못하고 자랐다고 가정하면, 이는 사회에 부담이 되는 사람으로 자랄 수 있는 확률을 키우게 되는 것이다. 외국에 입양되어 인자한 양부모 밑에서 훌륭히 자라 떳떳한 직장인이 되어 돌아온 입양 자녀들을 볼 때 그와 같은 생각이 든다.

참된 지적 성과를 맺기 위해서 창의력은 매우 중요하다. 창조는 뛰어난 두뇌를 가진 사람들에 의해 만들어진다는 것을 온갖 발명품이나 창작품이 빚어낸 이야기에서 그 사실을 더해준다. 우리 보통 사람이 할 수 있는 것은 창작품을 보다 편리하게, 아름답게, 저렴한 가격으로 제2차적 부가가치에 진력하는 것이 우리의 삶을 더욱 윤택하게 할 것이다.

창작적 원 작품에 대한 2차적 의장과 리모델을 통하여 뜻하지 않은 가치가 유발되는 경우가 비일비재하다는 것을 알아야 한다. 우리는 지금까지 지나치게 창조에만 가치를 인정하고 디자인 같은 제2차적인 부가가치는 모방으로 가치 절하하여 왔다. 창조와 같은 모방도 얼마든지 있을 수 있고, 그것이 오히려 우리를 즐겁게 하고 재화를 가져오는 경우가 많다.

유사한 예로 라면과 노래방을 들 수 있다 먼저, 라면의 경우 우리가 시장기를 느낄 때, 라면이 생각난다. 라면은 이미 널리 보급되어 있던 우동이나 국수에 약간의 부가가치를 더한 것이다. 여기에서 약간의 부가가치라고 하였지만 그것이 우리들 생활 속에서 차지하고 있는 비중은 대단한 것이다. 만약 우리 식단에 라면이 없다고 생각하면 어떤 사회적인 반응을 불러일으킬까?

다음은 노래방이다. 고베(神戶)의 한 술집에서 키보드와 비브라폰을 연주하던 이노우에 다이스케(井上大佑)라는 사람이 1970년, 일반인들도 손쉽게 즐길 수 있는 소형기계를 개발한 것이 오늘날 가라오케의 시초이다. 다이스케는 정작 본인은 노래를 부르지 않았지만, 아무리 음치인 사람이라도 기분 좋게 노래를 부르게 한다는 평판을 받는 반주자였다. 어느 날, 어느 손님에게 사원들의 여행에 동반해달라는 제안을 받았는데 사정이 여의치 못하자 대신 반주 음악을 테이프에 담아 가져가도록 하였다. 그 테이프로 많은 사람들이 기뻐한 것을 보고 기계로 쉽게 연주할 방법이 없을까 고민하다가 전기 기술자, 목수, 도장업자에게 의뢰하여 3개월에 걸쳐 완성한 것이 음향기기가 달린 가라오케 기계였다.

반드시 세계를 깜짝 놀라게 할 만한 발견, 이를테면, 유전인자의 이중나선구조 같은 발견은 인체의 신비를 밝혀내는 값진 열쇠를 우리에게 주었다고 할 수 있다. 컴퓨터의 등장으로 IT분야의 산업과 이로 인해 파생되는 타산업의 비약, 아니 둔갑을 가져오게 하였다. 이와 같은 것들은 천재들이 우연하게 발견한 열쇠이다. 생모는 물론, 그 산고의 아픔을 생각할 때 크게 존경과 찬사를 받아야 하겠지만, 양모의 치밀하고 지속적인 노력은 그에 못지않게 존경과 찬사를 받아야 된다고 본다.

28
열쇠 이야기

나의 어릴 때 기억으로 어머니가 허리춤에 매고 다니던 쟁글쟁글 하는 열쇠 뭉치 소리가 지금도 귓전에 생생하다. 그때 열쇠 뭉치는 한 가정을 총괄하는 안방마님의 상징으로 잠자리에 들 때를 제외하고는 그 열쇠 뭉치를 몸에서 떼어 놓은 일이 없다. 그렇다고 그 열쇠 내용을 하나하나 살펴보면 다분히 상징적인 의의는 가지고 있었으나 그 열쇠가 지니는 잠금장치의 기능은 별거 아니었다.

기껏해야 뒤주에 걸려있는 큼직한 붕어 자물통용 열쇠, 그리고 장롱마다 장식효과를 겸하고 있는 옷장 자물쇠를 위한 열쇠, 그리고 잡다한 살림살이가 빽빽이 들어있는 고방 열쇠 같은 것이며, 지금 생각 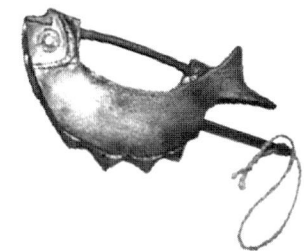 하면 그 자물쇠 만듦새가 잠금장치 중에서도 가장 유치한 지릿대 구조로 되어 있어 사실상 못 한 개만 있으면 그와 같은 거추장스러운 열쇠 없이도 얼마든지 열 수 있는 것이었다.

　이 열쇠 뭉치는 흡사 조선조 높은 벼슬아치가 임금을 만날 때 조복(朝服) 따위에 갖추어 손에 쥐던 홀(笏)과도 같았으며 어머니로서, 한가정의 주부로서 그 위상을 보장하는 기능을 충분히 치렀던 것 같다. 문득 마스터키가 생각난다. 이것은 최근 크게 각광을 받고 있는 호텔 같은 곳에서 사용하는 열쇠이다.

　괴테(J. W Goethe, 1949~1832)의 장시 『파우스트』에서도 주인공 파우스트가 찾고 싶었던 것은 우주의 진리를 한 묶음해서 밝혀주는 만능적 그 무엇이었다. 불교의 선종에 있어서 참선으로 자신의 본성을 보아 성불하는 것도 역시 파우스트의 욕구와 비슷하다고 할 수 있다. 선종에서는 성불하는 것을 득도(得道)한다고 하고 때로 '뚫었다'는 표현도 사용하고 있다. 좌선을 통하여 그와 같은 지적 돌파를 꾀한다고 할 수 있다. 이것은 현대 뇌신경학에서 어느 정도 증명되고 있으며, 좌선을 통하여 모든 잡념을 차단하고 외부에서 들어오는 오감을 통한 정보를 차단하여 버렸을 때, 뇌내 현상으로서 범·아(梵·我)가 일체가 되어 무아지경에 들어간다는 해석이다.

　이와 같이 정신적 자체 부양으로 우주적인 신비와 동화현상을 일으키는 경우, 마스터키를 획득하였다고 표현할 수 있다. 모든 근심이나 욕심이 물거품같이 사라지고 평온한 마음의 지평선이 열리는 것을 맛볼 수 있는 것이다. 부처님은 불타(Buddha, 佛陀)로 '깨달은 자'를 뜻하는 산스크리트어 '붓다'의 음역이다. 마스터키를 손에 쥐고 있는 자라고 할 수도 있다. 이 마스터키를 얻게 된다는 것은 지극히 어렵다고 하더라도 우리 주위에 무진장 파묻혀 있는 가치들을 열 수 있는 열쇠를 노력만 하면 얻을 수가 있다.

예를 들어 고전조(古典調)를 넘어서 입체파의 절정시대에 완성된 피카소의 그림이 있다고 할 때, 고전조 작품에 친숙하였던 대다수의 사람들은 기상천외한 입체파 작품에 당황할 수밖에 없다. 그때까지 사용해 왔던 열쇠로는 입체파의 그림이 가지는 가치를 제대로 열 수 없었기에 찬사보다는 비난의 소리가 높았을 것이다. 그러나 소수 형안(炯眼)의 소유자들은 이 입체파 그림이 가져올 미술의 장래를 재빨리 알아차리고 흥분하였다. 이들은 그림의 가치를 열 수 있는 열쇠를 가지고 있었던 것이다.

우리 주변에서도 이와 유사한 이야기를 찾아보면, 임진왜란 때 참전한 왜병들이 아마 전리품으로 우리나라 막사발을 특별한 가치를 인정해서라기보다 자랑삼아 일본으로 가져갔을 것이다. 마침 일본에서는 다도(茶道)가 열병처럼 전국에 퍼져나가고 있을 때이다.

천재적인 선승(禪僧) 센노리큐(千利休)는 다케노 조오(武野紹鷗, 1502~1555)에게 차에 대한 격식을 배워, 소박하고 차분한 멋을 이상으로 하는 와비차(わび茶)의 경지를 구현하고 이를 격식화 하여, 오늘날의 일본 특유의 끽음 문화를 만들어 낸 장본인이다. 원래 차를 일본으로 가져온 사람은 남송에서 선(禪) 불교를 배우고 돌아온 선승들이었다. 아마 초창기는 그들이 남송에서 보고 배운 끽다 의식을

그대로 흉내 내면서 즐겨 마셨을 것으로 생각된다. 그러던 중에 점차 일정한 의식화가 첨가되어 끝내는 센노리큐에 의해서 센케류(千家流)파의 와비다도가 완성된다.

그는 와비라는 청빈(淸貧)의 미의식을 선(禪)으로 득도 한 사람이다. 왜병들이 전리품으로 하나, 둘 가져간 조선 막사발이 그의 와비란 미의식과 맞닿게 되었다. 아마 화학적인 불꽃 반응 같은 순간이 있었을 것으로 추리된다. 그가 추구하는 청빈의 와비라는 미의식이 막사발에 결정(結晶)되어 있다는 것을 깨달은 순간이다.

조선에서 그저 막 사용하는 사발로 별 대접을 받지 못한 사발들에게 천문학적인 부가가치가 발생한 것이다. 마침 일본은 봉건 할거체제로 각 번주(藩主)들이 스스로의 지위 상승을 위하여 다도에 열중하고 다투어 이 조선 막사발을 입수하려고 기를 쓰고 있을 때이다. 특히 정유재란 때 오늘날 섬진강 유역에 주둔하던 왜군들 시마즈 요시히로(島津義弘)군이나 고니시 유키나가(小西行長)군들은 퇴각하면서 많은 도공(陶工)들을 납치하여 갔던 것이다.

오늘날 일본 규슈(九州) 지역의 이름난 도요(陶窯)가 있는 아리타(有田), 사쓰마(薩摩) 구이들은 이들 납치된 조선 도공들의 후예들에 의해서 결실된 명품들이다. 이처럼 조선 도자기의 미(美), 특히 와비미(侘美)의 발견은 일본 다도의 미의식 없이는 불가능하였을 것이고 와비미를 열 수 있는 열쇠가 곧 센노리큐에 의해 제창된 와비의 미의식이라고 할 수 있다. 따라서 이 보이지 않은 가치는 그것을 열 수 있는 열쇠가 있어야만 한다는 것이다.

일본 다도계에서 보배 중의 보배로 소장되고 있는 이도다완(井戸茶宛)들 중에, 일본 교토 대덕사(大德寺) 고봉암(孤蓬庵)에 전래되는 이도다완은 기사에몬(喜左衛門)이란 애칭으로 통하고 있다. 이를 평해서 "'풍요스러운 자태'와 '여유 있는 물레의 흔적'그리고 치밀한 표면감촉 그 거칠거칠한 가이라기(梅花皮)의 표면 있고, 고다이(高台)라는 굽이 높은 찻잔은 기우웅대(氣宇雄大)하고, 호장(豪壯)의 기풍을 풍기며, 보는 사람을 압도하면서 끌어당긴다."라고 평하고 있다. 이 품평사설(品評辭說)을 아무리 반복하여 보아도 그 진가를 열수 있는 열쇠를 가지고 있지 않는 우리로서는 이해하기 어려울 것이다.

흔히들 교양을 쌓는다는 말은 하지만, 이것은 우리들 주위에 산재하는 자연적 물상(物象)이나 인공적 제품이 비장(秘藏)하고 있는 가치를 열 수 있는 많은 열쇠를 준비하고 있는 사람이다.

조선 막사발, 이도다완은 원래 이 땅에서 밥이나 국을 담는 식기에 불과했다. 오로지 식기의 측면에서 가치가 부과되고 있었다. 그러나 센노리큐의 미의식에 있어서 그 용도가 완전히 바뀌어 가치가 부가되어 버린 것이다. 이처럼 가치를 여는 열쇠는 곧 가치를 창조하는 수단이기도 하다. 우리 주위에는 풍요한 가치를 가진 자연적 물상이나 인공적 제품들이 오로지 '편리'란 단 한 가지의 가치만으로 평가를 받고 있으니 안타까운 마음이다.

29

산소 같은 신(信)

고도 10,000m, 항속 900km의 전광표시가 기록되고 있다. 모두들 잠을 자고 있는지 고요한데, 뒤쪽 좌석에서 보채면서 떼를 쓰는 아이 소리가 들린다. 눈을 감고 있으나 잠이 올 것 같지는 않아 이것저것 상념에 잠기고 만다. 인천에서 출발하여 태국에 도착하는 푸케 직항 비행기 승객이 된 지 다섯여 시간, 아마 내가 타고 있는 비행기는 동남아 가까운 밤바다를 비행하고 있을 것이다.

가정이지만 문득 이런 생각이 든다. "만약 이 비행기의 그 많은 작동 장치 중, 그런 일은 없겠지만, 정비사의 실수로 갑작스레 중대한 오작동이 일어난다면" 하는 불길한 생각이 든다. 육상 교통수단이라면 갓길에서 정차시켜 기관 점검을 할 수 있겠으나 10,000m의 고공에서 그런 일은 불가능한 것이다. 불길한 공상은 다시 날개를 편다. 이것은 정말 만약 중에 절대 만약이지만, 긴장 속에 항공기를 조종하고 있는 조종실 내의 분위기를 머리에 그리면서, 조종사가 몸에 예기치 않은 이상 징후를 느껴 조종에 무리가 온다면…….

서두에 이런 생각도 하기 싫은 넋두리를 해 보는 것은 다름이 아니라 우리가 일상 사회생활을 하는 데 얼마나 '서로에 대한 믿음'이 그 바탕에 깔려 있는가를 상기하기 위해서이다. '서로에 대한 믿음'은 그 '믿음'의 내용이 올바른 것이든 그렇지 않은 것이든 본질적인 '선'과 '덕'을 내재하고 있다고 말하고 싶은 것이다.

전기한 '8. 양심선언'에서 언급한 논어(論語)의 자로편(子路篇) 이야기는 현대의 법치 사회에서 좀 의아한 감정을 일으키는 사람도 있겠지만, 하고 있는 일들을 잠시 멈추고 곰곰이 생각해 보자. 공자님의 말씀이 아니라도 이 '인간적 감정'이라는 것을 다시 되새겨 볼 필요가 있다. 바꾸어 말하면, 적어도 '인간적 상식을 가진 자'라는 전제를 세워서 생각해 보면 알 것 같기도 하다. 이 '인간적 상식'이라는 보편적 가치는 그 어떤 신앙도, 정의도 넘어설 수 없는 중요한 척도가 될 수밖에 없는 것이다.

오사마 빈 라덴(Osama Bin Laden)의 알 카에다(Al-Qaeda) 특수공작의 비행기가 뉴욕 세계 무역센터에 돌진하여 무너뜨리는 광경을 보았을 때 '인간적 감정'의 소유자라면 누구도 그것을 용납하지 못할 것이다. 빈 라덴의 시각이나 감정의 원점에서 볼 때 그는 알라신에 최고의 보답을 하고 있다고 생각하고 있을지 모른다. 그는 정의를 넘어서 그 이상의 정의로운 일은 없다고 믿고 그와 같은 것을 지시하고 있을 것이다. 그러나 사람의 목숨을 벌레 목숨같이 생각하며, 철모르는 소년 몸에 TNT를 휘감아 자폭을 종용하는 것을 '인간적 감정'에서 용납할 수 없다.

이야기를 돌려 '양심선언' 운운의 시비에 대해서 생각해 보자. "나는 양심의 가책 때문에 이 일을 덮어 둘 수 없어서 폭로하노라."라고. 무심코 들어볼 때 대단히 갸륵하고 '양심의 화신'으로 받아들일 수 있다. 그러나 우리는 이 놀라운 드라마 속에서 '뿔을 고치기 위해 소를 통째로 죽이는' 위험한 행동을 자행하고 있을지 모른다.

우리 고장에서 일어나는 이야기 하나를 더 소개 해보려 한다. 어떤 사립학교 재단에서 재원 부족을 메우기 위해서 편입생들에게 피아노 한 대를 기증하도록 하였다는 것이다. 물론 공정한 지원은 아니다. 선생님들에게도 이와 같은 사실은 대외적으로 이야기하지 말라고 당부에 당부를 거듭하였던 것이다. 그러나 어느 날 교사들과 재단 사이에 알력이 생겨 용기 있는 한 교사가 이 피아노건을 학부형에게 누설하고 학교 재단 측을 곤경에 빠뜨리게 했던 것이다. 말하자면 이 교사는 '양심선언'이란 키를 사용했던 것이다. 학부모 회의가 소집되고 재단 측에 대한 성토(聲討)가 이어졌다.

회의 도중에 한 학부형이 요청한 발언의 내용을 보면, "소매치기가 현장에서 형사에게 걸려들어 용서를 빌며 다시는 그러지 않겠다고 다짐했습니다. 소매치기 이야기 속에는 동정을 끌어낼 만한 딱한 사실이 있었던 것입니다. 훗날 이 소매치기는 그 고마운 마음을 잊지 않았습니다. 이 경우 형사는 자기 직무에 소홀하였던 것은 틀림없습니다. 그러나 소매치기는 그 사실을 영원히 누설하지 않았습니다." 그러고 나서 그 학부형은 첨언(添言)하여, 오늘 이 피아노 사건은 재단 측이 아니라 '양심선언'을 한 교사가 훨씬 나쁘다며 '양심(良心)'아닌 '양심(兩心)선언'이라고 단정하고, 학부형 회의는 조용히 마쳤다. 생각해 보면 인간의 신(信)은 공자님의 말씀까지 빌릴 것 없이 우리 사회에 충만하고 있는 공기와 같은 것이다. 우리 삶에 있어 일상생활의 영위는 모두 이 신(信) 위에서 이루어지고 있는 것이다.

'법을 넘어서는 신뢰'가 21세기의 새로운 지구 번영의 담보가 된다는 것을 말하고 싶을 따름이다. 법은 어디까지나 '신뢰'가 퇴색되는 것을 막아주는 보강제, 방부제에 불과하다. '법'을 범죄자 혹은 악을 수감하기 위한 쇠창살이라고 한다면, '상호 신뢰'는 공기와도 같은 것이어서, 쇠창살로는 얽어 맬 수 없는 것이며, 잠시라도 결핍되면 사회생활은 그 순간부터 산산조각이 나고, 산소 결핍으로 질식하게 된다. 산소가 사라지고 탄산가스 과다 상황 속에 놓이게 된다면, 비로소 그 고마움을 알게 될 것이다.

흔히 사람들은 생명을 유지해 주는 공기의 고마움을 느끼지 못한다. 눈에 보이지 않기 때문에 자연발생적으로 생긴 것이라 여기고 있는 까닭이다. 상호 신뢰도 그와 마찬가지이다. 온 세상이 불신으로 가득 차 있다고 가정할 때, 일어날 수 있는 많은 가공스러운 일들은 그야말로 등줄기에 식은땀을 흐르게 한다. 이 경관이 절정을 이뤘던 것이 공산 독제하의 「크레믈린」 속의 공기였다.

오늘날 북한이 생각난다. 불신은 불신을 낳아 유능한 사람에 대한 불신은 더욱 조장되고 숙청당하니 결국 독제 공산체제가 저렇게 힘없이 몰락되는 것도 인간 불신이 몰고 오는 자멸 현상이라고 할 수 있다. 하기야 법률만으로 살 수 있었던 시대를 그리워하기에는 오늘날 사회는 너무 복잡다양하다. 법전은 날이 갈수록 두꺼워져야 하고 법률 서비스를 생활수단으로 하는 인구도 많고, 그에 종사하는 사람들이 바쁘게 사는 것도 당연한 시대의 흐름이라 할 수밖에 없다.

특히 문화적으로 글로벌리제이션(Globalization)이 국제적으로 전개되고 있는 미합중국 같은 경우가 앞으로 지구촌의 정경을 예견하게 한다. 평범한 소시민도 고문 변호사를 두지 않고는 불안을 느끼는 시대가 올지 모른다. 이렇듯 아무리 세밀하게 짜인 법망이라 할지라고 우리가 공기와도 같이 무의식적으로 생명과 생활을 의지하고 있는 신(信)을 대신할 수는 없을 것이다.

당대(唐代) 위징(魏徵)의 술회시(述懷詩)에, "계포는 한 번 한 약속을 지키지 않은 일이 없고, 후영은 약속한 한 마디의 말은 아주 무거웠다(季布無二諾 候瀛重一言)"고 하였는데, 오늘날의 남아일언중천금(男兒一言重千金)에 해당할 것이다. 그렇다고 오늘날에 계포(季布)나 후영(候瀛)같이 '인생감의기(人生感意氣)'로 사는 사람이 있겠느냐마는 신(信)이 건재한 사회를 이룩해야만 할 것이다. 신(信)은 곧 신(神)인 것이다.

30
담 쌓고 선 긋는 세상

　암브로제 비어스(Ambrose Bierce)는 『악마의 사전(The Devil's Dictionary)』의 저자이다. 그는 일반적으로 이해하고 있는 어구의 개념을 그만의 익살스러운 프리즘을 통하여 재조명하였다. 그 중 한 가지 예를 들어 '결혼'이라는 낱말의 정의를 "두 사람의 노예가 되는 계약……."이라고 정의하고 있다.

　또 그의 사전에서 '민족학'의 항목을 "「Ethnology」 명사, 인간의 여러 종족, 곧 강도, 도적, 사기꾼, 정신 이상자, 백치 및 민족학자를 취급하는 학문"으로 정의하고 있다. 그는 온갖 민족이 모여 사는 미국이라는 시민 사회의 도가니 속에서 '민족' 혹은 '종족'이라는 꼬리표가 얼마나 사회를 어지럽게 하고 불안하게 하는지를 그의 프리즘을 통해 본 것이다. 특히 흑백의 갈등으로 미국 자체의 흥망이 걸린 남북전쟁을 치른 나라이고 보니 더욱 이 '민족' 또는 '종족'에 대한 인식에 신경을 곤두세우게 되었을 것이다.

여기서 민족, 종족이라는 용어에 대한 보편적 정의를 고려하지 않고 사용하고 있다. 먼저, 민족에 대한 사전적 정의를 살펴보면 우선, 민족이라는 말은 광범위하여 한 마디로 정의하기 어렵다고 전제하면서, "민족은 사회학적으로 기초 집단의 하나로, 구체적으로 어느 정도의 혈연적 공통성과 거주 지역의 동일성을 기초로 하여 성립된 광범위한 문화 공동체(Culture Gemeinschaft)"로 규정하고 있다. 그리고 이 민족을 종족 혹은 인종과 구별하기 위하여 "인종은 인류를 지역과 신체적 특성에 따라 백인종, 황인종, 흑인종으로 구분한 것"으로 규정하고 있다.

그러나 독일인의 인종주의 사상에서는 인종과 민족을 동일 카테고리 속에 넣어서 민족성이나 문화적 능력까지도 인종적 소질에 의해서 결정된다고 단정하고, 혈통적으로 아리안 족에 속하는 게르만 민족이 이 지구상에서 가장 우수한 민족이기 때문에, 게르만 민족이 지구를 관리하는 것이 가장 합리적이라는 발상으로 저질러진 나치스 폭거가 우리의 뇌리를 스치게 된다.

원시 시대로 거슬러 올라가 원인(猿人)이 원인(原人)으로 진화하여 오늘날 인간의 원조라 할 수 있는 호모 사피엔스(Homo sapiens)로 획기적인 탈바꿈을 하게 된다. 최근 이들 원조의 발상지가 아프리카 대륙이라는 것을 입증하는 고고학적 발견들이 잇달아 발표되고 있다는 것은, 인류가 한 자리, 한 원조에서 뻗어 나왔다는 것을 암시해 주는 것이다.

이 한 자리인 아프리카를 탈출한 시기가 언제인가는 확실하지 않으나 긴 세월을 거쳐 이곳으로부터 전 지구상으로 흩어져 나가게 된 것만은 틀림없는 것 같다. 그리고 그들이 정착하게 된 자연적 환경에서 온갖 인종이 만들어지고, 그들이 함께 힘을 합쳐서 생존을 이어 나가는 과정에서 만들어진 공동체가 바로 민족이라는 열매를 맺었다는 것을 생각해 볼 수 있다.

점차 호모 사피엔스의 인구는 증가하고, 그 증가에 비례하듯 서로간의 선긋기가 새로운 인류 문화의 특징으로 자리하게 되었다. 그 선긋기 중에서 가장 중요한 것이 민족 사이의 선긋기, 종족 사이의 선긋기가 되었다는 것이 오늘날 국민 국가를 탄생시킨 기본선이라 하겠다.

물론 이 중에는 단일 민족, 단일 종족으로 담을 쌓고 선을 긋게 된 국민 국가는 다행 중 다행이다. 그렇지 못한 복수 민족 혹은 복수 종족에 의한 공동체는 하찮은 것에도 원인이 되어 가끔 우리의 몸을 소스라치게 하는 아수라장을 만들고 만다. 발칸 반도나 르완다 공화국 혹은 수단에 일어났던 기억이 아직도 우리 기억에 생생하다. 곰곰이 생각해 보면, 이 같은 선긋기 요인은 그 대부분이 우리 인류가 만들어낸 산물이라는 것을 알 수 있다.

서로가 살기 위해 만들어진 생존공동체는 점차 문화공동체로 발전하게 되었을 것이다. 이리 하여 많은 공동체가 만들어지고 보니, 공동체 간의 생존 경쟁이 일어나는 것은 자연적 결과이며, 이때부터

각 공동체는 담 쌓기를 하게 된 것이다. 생물의 진화 형태가 생존 경쟁에서 이루어져 왔다는 것과 같이 원시 문화의 다양화(多樣化)도 역시 이 경쟁이라는 상호 불관용의 멘털리티를 그들 DNA 속에 차곡차곡 쌓게 되었을 것이다. 이때부터 우리 조상들은 선(線)을 그어 우적(友敵)을 변별하고 '끼리 의식'과 '배타 의식'을 키우게 되었다.

인종이나 민족의 담 쌓기 이상으로 많은 비극의 씨앗이 되어 온 것이 있다면 그것은 뜻밖에도 종교가 떠오른다. 인류가 만들어낸 최고의 문화라고 할 수 있는 종교가 기상천외한 부작용을 일으켜서 오늘날 우리 인류를 슬프게 하는 경우가 많다. 낙원을 이루는 씨앗이 될 종교가 지옥을 만들어 버리는 경우의 예를 우리는 얼마든지 들 수 있는 것이 오늘날 세계 기상도이다. 혹은 종교의 원리화가 그 근원이고 보니 원리화 신앙자에 그 책임을 물어야 한다고 할 것이다.

사실 종교의 본질로서 원리화를 우리가 무턱대고 부정할 수는 없을 것이다. 35에이커(acre) 남짓한 예루살렘의 '신전의 언덕'을 생각할 때, 이 좁은 땅에 뿌려진 피를 무엇으로 보상할 것인가? 이뿐만 아니라 가진 사람과 못 가진 사람, 잘난 사람과 못난 사람, 배운 사람과 못 배운 사람……. 이처럼 이어나갈 것이다. 선긋기는 차등을 명확히 하자는 인간의 속물근성에서 시작된 것이다. 평등을 부르짖으면서 한없이 차등을 희구하는 것이 호모사피엔스의 숙명인지 모른다.

문득, 몇 년 전 미국 주간지 뉴스위크지의 특집 「미국 사회에 있어서 인종에 대한 재정의」라는 보고서 내용이 생각난다. 그 내용을 보면, "오늘날 미국의 인종 문제는 과거의 흑백에서 천연색으로 바뀌었다는 것을 전제로 하고 있다. 그것은 미국이 세계 뭇 인종의 도가니로서 각양각색의 인종과 민족이 혈연을 나누고 있으며, 같은 종족이나 민족이 혈연으로 뭉쳐 내려온 경우는 아주 소수에 불과하다. 그것은 미국 사회에서 국제결혼에 대한 일상화에서 잘 입증되고 있다.

　신천지에 꿈을 싣고 찾아든 초기 개척 이민으로부터 시작하여, 미국에 이민의 꿈을 안고 파상적으로 찾아든 지구 방방곡곡의 사람들로 형성되어 왔으므로 인종과 민족의 전시장이라는 비유가 나올 만하다. 또 미국이 21세기 지구인들의 새로운 생태를 예고하고 있다. 그 보고서의 부제를 보면 -새로운 장밋빛 약속이 될지 아니면 걷잡을 수 없는 앙화의 앙금이 될지- 라고 넌지시 던지고 있는 것이 인상적이다.

　한편, 몇몇 국제결혼의 경우를 소개하면서, 가장 걸림돌이 되는 것은 부부간의 민족이나 인종에 의한 것이 아니라 사소한 문화적 충돌이라는 것을 밝히고 있다. 21세기는 대규모 '문화 충돌'이 예견된다. 이것은 '문화의 이해'라는 마스터키를 이용하여 열어나갈 수밖에 없다는 경종으로 받아들여야 한다. '문화의 이해'라는 것은 각 공동체가 만들어 온 문화의 차이점을 인정하고 서로 존경하고 서로

가 쌓아 올린 담장을 낮추어 나가는 것이다.

정보화 시대의 도래로 인하여 경제 분야에 있어서는 이미 담장이 활짝 열려 있다. 문화 분야에 있어서도 담장이 무너지고 있는 것을 우리는 보고 느낀다. 그렇다고 해서 국민, 국가 간에 담장이 동서 베를린의 담이 무너지듯 헐어져서도 안 되겠지만, 높은 콘크리트 벽을 낮은 울타리로 바꾸어 이웃 주부들이 서로 이야기를 나누며, 특별한 음식이라도 서로 나누어 먹는 문화 간의 귀화(貴和)가 뿌리를 내리는 정경을 꿈꿔본다. 더불어 선을 긋는 것도 중요하지만, 선을 지우고 담을 무너뜨리고 문턱을 낮추는 21세기를 기원해 본다.

31

무궁화와 유전자 조작

　신문에 미국 한 대학에서 분자생물학을 전공하는 자연과학자가 "유전자 조작(GM)은 우리에게 이로운 것일까?"라고 말한 것이 눈에 띄었다. 독자의 편견을 의식하는 듯 그는 어떤 식품 회사와도 재정적 이해관계가 없는 순수 과학자라는 것을 밝히고 있다. 요사이 사람들에게 있어 친환경, 유기 농산물, 유전자 조작 농·수산물 등의 용어는 친숙해져 버린 지 오래다.

　다른 면에 흰색의 살찐 돼지들이 먹이를 먹고 있는 사진이 실려 있었다. 그 내용을 보면, 양돈업에서 배출하는 오물들이 환경오염에 끼치는 영향이 대단하다는 것을 예를 들어 가며 설명하고 있다. 그렇지만, 돼지고기는 우리 식탁을 풍성하게 해 주는 단백질이 풍부한 음식이며, 사람들의 건강에 기여한다는 것을 생각할 때 돼지고기 안 먹기 운동이란 있을 수 없을 것이다.

　덴마크의 경우 돼지의 수와 사람의 인구 비율이 2:1에 달하고 있다. 최근에 아시아 각국에서도 경제적인 윤택에 힘입어 양돈 농가가 급증하고 있다. 이것에 비례하듯 돼지 농장에서 배출되는 오물들은 하천이나 빗물에 의해 인근 바닷가로 흘러내려 예민한 해안 환경을 오염하고 있다는 것이다. 그 돼지 농장 오물 중에는 인(燐)분이 다량 함유되어 그 피해가 크다고 한다.

이와 같은 경우, 만약에 돼지에 분자생물학적 기술을 통한 유전자 조작, 가칭 친환경 돼지(Enviropig)를 만든다고 하면, 얼마나 환경 보호에 도움이 되는가 하는 이야기이다. 즉, 풀만 먹어도 잘 자라는 돼지를 만들어 종래의 에너지 집약적인 곡식 사료를 대신하면 소, 양, 염소 등의 오물 중에 인 성분이 줄어들 것이며, 실제로 캐나다의 한 과학자가 유전자 조작으로 그와 같은 돼지를 만들었다고 한다.

다소 돼지 이야기가 길어진 이유는 오늘날 '유전자 조작은 절대 악'이라는 선입견이 환경 단체나 자연 애호가에 의해서 비판되고 있는 현실을 감안해서 다음 이야기를 쓰기 위한 전제로 든 한 예화라 보면 될 것 같다. 과연 재래 농축산물은 필요선(必要善)이고, 인공적, 유전자 조작 농산물은 필요악(必要惡)이란 고정 관념을 탈피할 수 있을까? 바꾸어 말하면 자연적인 것은 모두 무해하고, 인공적인 것은 모두 유해하다는 획일론에서 탈피해야 한다는 것이다.

여기서 필자 개인의 무궁화에 대한 소견을 말해보고자 한다. 무궁화는 우리나라 국화로 깊이 뿌리를 내리고, 국민의 사랑을 받아

왔다. 특히 나라를 빼앗겼던 36년간 우리 국민의 무궁화에 대한 애틋한 마음은 더욱 이 꽃에 대한 사랑으로 이어져갔다. 그러나 무궁화는 식물 생리적 약점 중에 하나인 진딧물 번식이 짜증이 날 정도로 심하다. 어릴 적 우리 집 정원 한복판에 무궁화 한 그루가 있었다. 보통 거리에 가면 익숙한 보라색이 아니라 새하얀 흰색 바탕에 꽃심에서 피어나듯 번져 나온 주홍색 꽃잎들은 어린 나에게 청초한 미의식을 심어왔다.

어느 날 주재소에서 일본인 순사가 춘추기 청소 운동 홍보를 위해 들렀다가 무궁화나무를 보고 "이런 나무를 무엇하려고 정원 복판에다 심어 놓지?" 하던 기억이 난다. 일본 순사가 돌아간 뒤 아버지께서 "아마 무궁화나무가 그에게는 못마땅한 것 같다" 하면서 아버지가 의도적으로 심어 놓았다는 암시를 하셨다. 이렇듯 나라의 꽃 무궁화는 저마다의 마음속에 자리하고 있었다.

만약 무궁화 꽃이 진딧물 피해에서 벗어날 수만 있다면 하는 간절한 마음은 어린 시절이나 지금이나 변함없다. 이것은 유전자 조작으로 얼마든지 실현할 수 있지 않겠는가 하는 마음이 필자의 아마추어적인 발상이다. 즉 진딧물에 아주 강한 유전자를 가진 식물의 DNA를 무궁화 유전자에 주입하면 되지 않겠는가 하는 것이다. 지금 그대로의 무궁화를 정원에서 감상하자면 진딧물 제거를 위하여 농약을 살포해야 하고, 그 살포된 농약만큼 흙은 오염되지 않겠는가? 그 결과는 유전자 조작을 결사반대하고 친환경 운동가나 자연 애호가들의 의도와는 상충되는 것이 아닌가 생각한다.

곰곰이 생각해 보면, 오늘날 인류의 생존이나 생활을 유지하고 있는 농축산물도 자연에서 선택된 것들이다. 야생 동식물들이 우주선 같이 강력한 무언가가 염색체 속에 뚫고 들어가 뜻밖의 돌연변이를 일으켜 종래보다 더 큰 열매, 더 아름다운 것, 더 클 수 있는 유전자를 획득했을 것이다. 이것을 인류는 집이나 빈터에 심고 혹은 울을 만들어 사육하여 서서히 품종 개량이 되어 왔을 것이다. 이렇게 볼 때, 이 자연계에서 일어나는 돌연변이는 일종의 자연적 유전자 조작이라고 할 수 있다. 자연 속에서 일어나는 것은 용납되나, 실험실에서 일어나는 것은 용납하지 못한다면 우리는 그것을 납득할 수 없다.

문득, 유태교에서 엄격히 실천하고 있는 유월절 행사가 생각난다. 이 기간은 유태교 신봉자들은 누룩을 넣어서 만든 빵을 먹지 않는다. 이와 같은 풍속은 왜 생긴 것일까? 빵에 우연히 효모균이 들어가 돌연변이가 된 것이 곧, 누룩 넣은 빵이다. 이 부풀어진 빵은 종래의 밀가루만으로 만든 빵과는 촉감이나 맛이 아주 다르다. 사람들은 즐겨 빵에 누룩을 넣기 시작하였을 것이다. 유태의 율법자들이 생각하기에는 그것은 마치 신이 내려준 자연에 인간의 교지(狡智)가 작용하였다고 판단하고 비난하게 되었을 것이다. 그러나 일단 누룩 넣은 빵의 맛을 알게 된 유태인들이 새로운 횡재적인 산물을 버리지 않자 부득불 유월절 기간만이라도 누룩을 넣지 않은 빵을 먹게 되었는지 모른다.

인간은 구습(舊習)에 고집하고 새로운 것을 꺼리는 반면, 구습은 싫어하고 새로운 것에 달라붙는 이율배반적 성격을 가지고 있다. 오늘날 유전자 조작 상품에 대한 불매 운동도 그와 같은 견해에서 어느 정도 설명된다. 따라서 환경보호단체나 자연 애호가들도 무조건 친자연·친환경 하기보다는 자연을 훼손하지 않고 아름답게 가꾸어 나가려고 하는 냉엄한 눈으로 점검해 나가야 할 것이다.

32

과거 청산

미국 주간지 뉴스위크지[1]는 「아시아에 있어 역사와의 전쟁 (Asia's War Over History)」이라는 제목으로 특집을 낸 적이 있다. 그리고 부제(副題)격으로 "이 문제는 비단 일본에 한정된 것이 아니며, 다른 아시아 여러 나라들이 이 과거 때문에 미래를 설계하는 데 큰 부담이 되고 있다"라는 논지가 추가되어 있다.

돌이켜 생각해 보면, 16세기 전후부터 활발히 추진되어 왔던 서구 선진국들의 아시아 식민지화 과정이 19세기에 들어 절정기에 달하였고, 이 와중에도 비교적 민첩하게 변신에 성공한 일본을 제외한 대다수의 아시아 국가들은 일괄적으로 그들의 식민지로 전락하고 말았다. 그러나 제2차 세계대전 특히 동남아시아 및 동북아시아 일대에서 전개된 태평양 일원에 있어서 추축국(樞軸國, AXIS)의 일

---

1) 2001. 8. 27.

원이 된 일본과 연합국과의 전투가 일본의 무조건 항복으로 종식되자, 전전의 식민지-피식민지 체제가 부산물로서 남은 것이 아시아 제국에 있어서 과거문제가 되었다고 할 수 있다.

이 식민지-피식민지 관계에서 만들어진 유형·무형의 채권·채무 관계는 전혀 청산되지 않은 채 신생 국가로서 제각기의 나라 만들기에 힘써 왔다는 것이 전후 아시아의 정치적 기상도였다고도 할 수 있다. 특히 각 민족이 물려받게 된 과거의 채권이나 채무 청산의 한 형태로 남게 된 나라가 동북아시아에 있어 한국, 일본, 중국 사이에 만들어진 과거이다.

필자가 우연히 인도 뉴델리 대학에서 온 여 교수와 나누었던 이야기가 생각난다. 아주 오래된 기억이나 그 여 교수가 가진 '대 영국관'이 우리가 가지는 '대 일본관'과는 판이하다는 것이었다. 필자를 포함한 보편적 한국인의 일본인관과는 사뭇 다른 그녀의 우호적인 영국관에 놀라지 않을 수 없었다.

일찍이 계몽주의에 세뇌를 받고 합리주의로서 무장한 서구 제국들은 산업혁명을 거쳐 아시아 식민지 경략(經略)에 나섰으니, 그들의 식민지 철학에는 나름대로의 합리성을 줄곧 유지하고 있었던 것이다. 식민지 종주국의 입장에서는 식민지를 오직 원료 공급지, 상품 시장, 자본 수출지 이에 더하여 그들은 해외에 마련한 상류 계급들의 관광 여행을 겸한 별장 지대 이상으로 생각하지 않았던 것 같다.

말하자면 서구 제국들의 식민지 정책은 피식민지의 물질적 착취는 있었으나 가장 민감한 그들이 정신적 문화에 대한 정책은 매우 신중하였으니, 식민지 국민들이 가슴에 담게 될 르상티망은 그다지 크지 않았고, 상기 뉴델리 대학 교수와 같은 영국관이 만들어졌다고 볼 수 있다. 이것은 곧 서구인들이 키워온 합리주의가 그 밑바탕에 있었던 까닭이라고 할 수 있다.

　여기서 시점(視點)을 일본의 식민지 시대로 돌려보자. 역사적으로 볼 때 중원문화(中原文化)의 제2차적 주변국으로서 동북아시아에 있어서 가장 뒤떨어지고 있었던 나라가 명치유신이란 아주 재치 있는 변신으로, 아시아의 선각자로서 도약하게 되었다는 것이 전부였다. 갑작스레 강장제 주사라도 맞다시피 하여 힘을 얻게 되었으나 그 문화의 심층에는 아시아적 문화의 마그마가 그대로 남아 있어 서구 제국이 몸에 지니고 있던 합리적인 식민지 경략관은 애당초 가지고 있지 않았던 것이다.

　이토 히로부미(伊藤博文)는 우선 연방제를 생각하였다고 하나 결국 한국 병탄(倂呑) 정책으로 급선회하고 만 것이다. 상식적인 식민지 경략과는 전혀 관계없는 창씨개명(創氏改名), 일본어 상용(日本語常用) 같은 기상천외하고 천인공로(天人共怒)할 정책을 파상적으로 추진하고, 더욱 불가사의한 술책은 그들의 민족적인 신토(神道)의 신주를 모시는 신궁(神宮), 신사(神社)들을 한반도 방방곡곡에 건립하여 한국인의 정신적 등뼈마저 부러뜨리려고 한 것이다.

이렇게 되고 보니 대 일본 원한은 고황(膏肓)에 자리 잡게 되어 인도인의 대 영국관이나 인도네시아인의 대 네덜란드관과는 전혀 이질적인 '과거'를 만들게 되었다고 할 수 있다. 우리가 아직도 '일제(日帝) 36년간'이라는 말은 사용하고 '일식민지 36년간'이라는 말을 사용하지 않는 이유가 여기에 있다.

　한 국민국가 안에 포용되어 있는 소수민족 집단들도 그들이 자치권과 독립을 외치며, 문화의 온존에 온갖 힘을 다하는데, 긴 역사와 왕조를 모시며 문화를 키워온 한국 민족을 병탄하겠다는 황당무계한 발상은 지금 상기할 때 일본의 정치 철학이 얼마나 유치하였던가를 새삼 느끼게 하는 것이다.

　이제 우리는 동북아에 있어 중국인의 대 일본관과 우리의 그것이 같지 않다는 것도 짚고 넘어갈 줄 알아야 한다. 사실 중국은 일본의 침략을 받았으나 그들에 병탄된 것이 아니고 그들 강토의 일부를 점유 탈취 당한 것이 전부이다. 그들이 즐겨 내세우는 대일 규탄에서 항상 남경학살의 희생자와 수효에 비중을 두었으며, 그것도 초기의 몇 십만 명 전후에서 최근에는 일백만 이상으로 늘어나게 되었다. 초기에는 불확실한 수치였으나 심층조사를 한 결과 그러한 수치가 나왔다는 것이다. 그러나 여기에는 어딘가 국내적 통제를 위한 빌미로서 반일 감정을 이용하고 있는 것 같은 의심이 든다. 이와 같은 반일 감정의 신축 조작은 과거의 재치 있는 청산에 도움이 되지 못한다.

우리의 경우 이미 언급한 것과 같이 36년 동안 식민지 정책이 아니라 병탄 정책으로 살아왔다. 그리고 이 정책을 위하여 우리들의 르상티망을 고황에 심게 한 것이다. 일어 사용이 강요되고 일본식 이름으로 창씨개명·신사참배 등을 강요하면서 우리가 지녀온 문화적인 근저를 뒤엎는 것뿐이었다. 우리는 흔히 반일구호 중에서 위안부의 인권 유린이나 원자 폭탄 피해자의 사후 문제를 제의해 왔다. 물론 이 문제도 우리들의 가슴을 찢어지게 하는 것들이다. 이와 같은 문제에 대한 규탄은 결과적으로 물질적인 보상이 밑바탕에 깔려 있다고 볼 수 있으나, 그 이상으로 마음을 슬프게 하는 것도 항상 기억해 두어야 할 것 같다.

미국 시사주간지 뉴스위크의 국제판 편집인(파리드 자카리아 Fareed Zakaria)은 그의 권두 사설에서 "유럽은 그들의 과거를 뒤로 밀어내버린 관계로 전후 평화를 얻었으나, 아시아의 경우는 제각기 국가 이익의 역사에 고립되어 전후에도 불평의 도가니에서 벗어나지 못하고 있다"고 평하고 있다. 이것은 가해국인 일본이나 피해국인 한국, 중국에 있어서도 마찬가지라는 논조이다.

예를 들면, 지금도 그 불평의 씨앗을 뿌리고 있는 고이즈미(小泉) 수상의 '야스쿠니 신사 참배' 문제가 떠오른다. 그가 주장하는 '개인적 소신'에서라는 상투적인 말 대신에 태평양 전쟁에서 그들이 입은 피해, 이웃 나라의 국민에 위로의 말을 해야 할 터인데 말이다.

제2차 세계대전 후에 독일의 대통령 바이츠자커(R. von Weisacker)

가 한 것처럼 해야 할 것이다. 고이즈미는 결국 그의 고집을 굽히지 않고 8월 15일 패전 기념일에 가는 대신 이틀쯤 앞당겨 야스쿠니 참배를 강행하였다. 그 결과는 일본의 우익에게는 적지 않은 실망을, 좌익에게는 미흡함을, 주변국 한국과 중국에게는 노여움을, 세계만방에는 당혹감을 남기게 된 것이다.

33
주권, 인권, 녹색권

　주권(sovereignty)이라는 말은 정치법학적인 정의로 대내적(對內的)으로 국가 정치 형태를 최종적으로 결정하는 권력이며, 대외적으로는 국가의 최고 독립을 주장하는 권리이다. 웨스트팔리아(Westphalia, 1648) 조약을 계기로 주권 의식이 확실한 모습으로 정의되었다고 할 수 있다. 그것보다 훨씬 소급하여서 이미 은연중에 싹트고 있었던 개념이라고 보아야 할 것이다. 이 주권이라는 개념은 점진적으로 국가주권(國家主權)이란 배타적 기능을 키워오다가 마침내 오늘날에는 새로운 보편성을 지향하는 정치사상의 절대 권력으로 대두하게 된다.

　말하자면 오늘날 우리가 즐겨 쓰고 있는 주권 국가라고 하는 것은 근대적 산물이며 개인이 처음으로 자연 공동체를 넘어 국가 규모로 공감대를 느끼게 되고, 그 공감대를 존중해야겠다고 깨닫게 됨으로써 자연 발생한 가치라고도 할 수 있을 것이다. 애국심도 이 공감대 형성으로 만들어진 사상이다.

이 공감대 형성의 근원을 더듬어 보면 인권은 제2차 세계대전 후 최고의 총괄적인 정치사상이다. 이 인권이 보편적인 가치라고 하는 것은 그 사상이란 측면에서 본다면 많은 국가들이 이미 공유하고 있었다. 1948년 UN은 세계인권선언을 발표하고 인권위원회를 조직하고 1966년에 조약으로서 효력을 지닌 국제인권규약도 채택되었다. 그러나 이 인권 사상이 세계만방에 일률적으로 존중되기에는 여러 국가들의 정치 체제, 문화 형태라는 걸림돌이 앞을 막고 있는 것이다.

이 인권 사상이 모든 정치사상의 공통분모임에는 틀림없으나 많은 국가에서 아직도 국가주권이란 방패를 들고 끈질기게 저항하고 있는 실정이다. 인권이 모든 정치사상의 공통분모라는 근거를 어디에서 찾아야 될 것인가? 너무 어렵게 생각할 필요는 없을 것 같다. 우리들이 오늘날 우리 주위 세계에서 일어나고 있는 대량 학살, 대량 학대 등을 보았을 때, "인간의 탈을 쓰고 어떻게 저런 짓을 할 수 있는가?" 하는 데서 이해하면 된다.

인권 사상이란 각 개인이 행복함을 추구함과 동시에 타인의 불행을 보고 눈시울을 적시지 않을 수 없는 데서 시작된 것이라 할 수다. 흔히 말하기를 측은(惻隱)의 정(情)이 곧 그것이며, 아담 스미스(Adam Smith)[1]가 말하는 감정이입(Empathy)이 곧 그것일 것이다. 공감대 형성의 첫 계기가 곧 가족이고 나아가서 이웃이며, 다시 국가까지 확대된 것이라 할 수 있다.

　가족에 대한 공감, 이웃에 대한 공감, 이 공감대가 국가까지 확대되었을 경우, 우리는 애국심이라고 부르게 된다. 그러나 측은지심은 인간의 기본적 감정이고 보니 결국 국경선을 넘어 지구 끝까지 확장하려는 것이 오늘날의 정치 기상도이다.

　우리는 파키스탄의 지진 피해와 동남아 일대의 쓰나미(津波) 피해를 좌시(坐視)할 수 없었고 긴급 구호 활동에 나선 것이 곧 그것이다. 최근의 뮤지컬 '요덕 스토리'를 보고 공감의 눈물을 흘리지 않은 사람이 있겠는가? 만약 그 피해국이 국가 주권을 앞세우고 외국에서 오는 구원의 손을 차단한다면 용납하지 않으려고 할 것이다. 이미 인권 사상은 국가주권 사상을 서서히 밀어내기 시작하고 있다. 이 지구 단위의 공통분모 역할을 하게 된 인권 사상은 국가나 민족 단위의 주권을 흡수하며 대나무 죽순처럼 뻗고 있는 것이 오늘날 세계 정치의 기상도이다.

　레비 스트라우스(Levi Strauss)의 다문화주의(多文化主義)도 이 인권이라는 절대적 공통 분모위에서 육성되어야 할 것이며 그렇지 않으면 '문화의 원리화' 내지는 '문화의 원자화' 현상을 일으켜 '배타적 문화의 담 쌓기'로 변질되어 영원히 풀 수 없는 분수식으로 남게 될지 모른다.

　1) 1846~1894, 영국 고전파, 경제학의 시조.

홀연히 보스니아 헤르체고비나(Bosnia Herzegovina) 문제가 뇌리를 스친다. 일본 요미우리 신문의 기사에서 바르가스 료사(Vargas Llosa)는 보스니아 헤르체고비나에 있어서 세르비아(Serbia)인, 보스비아(Bosnia)인 그리고 크로아티아(Croatia)인들이 일으킨 상호상잔의 아수라장을 보았을 때 우리를 소스라치게 하지만, 한걸음 더 나아가서 더욱 우리들을 불가사의하게 하는 것이 있다. 이들 세 민족들은 그동안 몇 백 년 동안 상호 교류하면서 다정하게 살아왔는데, 무슨 동기로 이렇게 하룻밤 사이에 서로 이리떼처럼 되었는지 모르겠다는 이야기를 하고 있다.

필자의 경험으로도 해방 후 좌우충돌에서 야기된 온갖 상잔들이 다시 주마등같이 뇌리를 스쳐간다. 혹자는 헤르체고비나 상잔을 해명하기로, 지금까지 사회주의 정권의 권위주의적 통제하에서 살아남기 위해 가면을 쓰고 있던 것이, 그 굴레에서 벗어나자 갑작스레 사회적 독자성, 귀속을 좇는 자기 동일성, 주권과 국가를 열망하는 억압되어 있던 온갖 문화적 요소들이 그 본성을 드러낸다고 하였다.

이와 같은 시점은 사태를 일방적 프리즘으로 보았을 때의 결론이며, 우리가 상식적으로 생각할 때 지금까지의 긴 세월동안 아기자기하게 선도 긋지 않고 담도 쌓지 않고 자기들의 문화 속에서 생활해 온 지난날이 그들의 참얼굴이라고 보아야 할 것이다.

사실 최근에 일어나고 있는 사회적 현실은 온갖 다채로운 문화들이 서로 손잡을 수 있는 공통분모가 예상외로 많다는 것을 보여주고 있다. 그리고 그 기저(基底)에는 '인권'이라는 신성불가침의 정치 사상이 공통분모로 그 모습을 아주 서서히 드러내고 있다는 것을 잊어서는 안 될 것이다. 물론 당장에 인권이라는 열쇠가 지구 각처에 깔려 있는 녹슨 쇠사슬의 자물쇠를 한꺼번에 열 수 있는 마스터 키로서 기능하지는 못할 것이다. 그러나 결국 그 비중을 더해 갈 것이라는 것은 부정할 수 없다.

하기야 어떤 문화 할 것 없이 긴 세월을 거쳐 양성된 산물이고 보니 그에 귀속하는 인종이나 민족을 윤택하고 값지게 하는 요소들을 지니고 있는 것도 부정 못하지만, 세월이 오늘날 같이 급속히 바뀌어 지고 있으니 그 옛날 '부족', '종족' 혹은 '민족'이다 하는 숙명적인 생존, 생활의 근거지, 아니 근거지라기보다 자라나는 태아의 태반과도 같은 관계에서 벗어나지 못하였던 시대의 잔재들이 도리어 우리를 괴롭히고 있는 것도 결코 적지 않은 것이다.

이제 우리는 어머니 뱃속에서 나와 한 생명체로 첫울음을 터트리기 시작한 것이다. 민족이나 공동체 문화를 인권이란 프리즘으로 검증하여 반듯하게 키워나가야 할 것이며, 점진적으로 도약해야 하며, 또한 지혜롭게 선별해야 할 때가 오고 있는 것 같다. 인권 사상에 위배되지 않는 범위 내에서 모든 문화는 잘 보호 육성되어야만 풍요로운 지구촌 문화가 꽃피게 될 것이다. 오늘날 지구촌 단위의 문화 시대에서 '인권'과 같은 비중으로 큰 몫을 하고 있는 것에 '녹색권'이 있다. 왜냐하면 강이나 바다 오염 그리고 대기오염은 지구

어느 곳 할 것 없이 스며드는 까닭이다. 우리는 이제 우리들의 인식 영역을 지구촌 단위로 조절해야 할 때인 것 같다.

34

틱타알릭의 화석

　모 주간지 기사에서 미국 시카고 대학의 고생물 발굴팀이, 캐나다 북극 지방의 엘레스미어(Ellesemere)섬에서 발견한 이 화석들은 두개 골과 목, 갈빗대에다 사지동물에서 볼 수 있는 사지 골격까지 갖추고 있는 반면 원시 단계 어류의 턱과 지느러미, 비늘을 동시에 갖추고 있다. 생물학자 닐 슈빈을 비롯한 합동조사팀은 이제껏 볼 수 없었던 이 생물을 "해부학적 관점 등으로 미뤄 어류와 육상 동물의 경계를 흐리게 하는 종(種)"이라는 의미로 '틱타알릭 로제(Tiktaalik roseae)'라 고 명명했다. 이 보고서의 평가를 보면 "이 화석은 우리의 조상들이 막 물을 떠나기 시작했을 당시의 모습을 담고 있다"고 했다.

　물론 화석으로서 발견된 것이지만 길이가 2.7미터 가까이 된다고 한다. 왜 이 화석의 발견이 특종 기사가 되었느냐 하면, 다윈의 생 물진화론계통수의 중요한 고리를 이어주는 발견이라는데 그 이유 가 있는 것 같다.

틱타알릭 로제(Tiktaalik roseae) 화석

　지금에 와서 무슨 새삼스런 진화론 시비냐고 반문하는 것이 일반적인 독자의 반응 같기도 하지만, 또 다른 한편에서는 '그 화석이 진화론 보강에 무슨 도움이 된단 말인가' 하는 신에 의한 생물의 일괄적인 창조론을 고집하는 원리적인 신앙인들의 소리도 결코 적지 않으리라고 생각한다.

　오늘날 우리들은 다윈의 생물진화론을 과학적 측면에서 인정하면서 또 한편 생물 창조론을 종교적 측면에서 인정할 수 있는 아주 유연하고 여유 있는 사고방식을 키워 왔다. 이와 같은 유연성 있는 사고에 익숙하지 않았던 전 세기에 있어서 논쟁은 생사를 담보로 하는 중요한 시비가 되었던 것이다. 그 당시에 생물진화론 같은 것을 제기한다는 것은 곧 창조주의 존재를 인정하지 않는 것이며, 신에 대한 도발적 불경이며 무신론으로 이어지며 이단으로 낙인을 찍

히고 말지도 모른다. 좀 더 거슬러 올라가면 '종교재판'이란 가공스
런 제도가 신의 절대적 권위를 빌미로 하여 자행되기도 하였던 것
이다. 천동설, 지동설이 몰고 온 시비가 그 당시 시정인들을 얼마나
당황스럽게 하였겠는가를 짐작케 한다. 이와 같은 풍토성 속에서
자라온 서구인들의 멘털리티를 가정할 때 다윈이 제시한 생물진화
론 사상은 이론에 앞서 다윈의 비장한 결심과 확고한 자신을 말해
주는 것이다.

　그러나 지금도 미국의 중·고등학교 생물 수업에서 진화론을 채
택하느냐, 마느냐 하는 시비가 주 교육청에서 문제를 삼고 있다는
이야기를 듣고 있으니 이 진화론, 창조론의 시비는 아직 끝을 맺지
못하고 있는 것 같기도 하다. 아니 끝을 맺지 못하고 있는 것이 아
니라 영원히 끝을 맺을 수 없는 것이 인간의 운명일지도 모른다.

　찰스 로버트 다윈(Charles Robert Darwin)은 해군측량선 비글호에
박물학자로서 승선하여, 남아메리카·남태평양의 여러 섬 특히 갈
라파고스제도와 오스트레일리아 등을 항해·탐사했고 그 관찰기록
을 『비글호 항해기』로 출판하여 진화론의 기초를 확립하였다. 말하
자면 지구상에 처음으로 원시적 증식 기능을 가진 원생 단세포 생
명체가 만들어지고 그것이 길고 긴 세월 속에서 점차 다세포로 발
전하고 가지를 뻗고, 형태변화를 되풀이하여 오늘날 우리가 보는
생물계로 점진적으로 진화해 왔다는 것이다.

　그리고 그 진화의 계기가 생존경쟁, 적자생존에 있다고 본 것이다.

이와 같은 이론이 처음 나왔을 때 창조론의 풍토 속에서 자란 서구인들의 경악심은 대단했으리라는 짐작이 간다. 그것도 그럴 것이 갈릴레이(Galileo Galilei)가 니콜라스 코페르니쿠스(Nicolaus Copernicus)의 지동설을 지지하였을 때 당시의 시정인을 상상해 보면 될 것이다. 익살스럽게도 코페르니쿠스는 신의 창조물인 태양이 중심에 위치해야 한다는 가정에서 연구한 결과가 지동설로 이어졌던 것이다.

해가 지구를 돌고 있다는 것은 누가 보아도 부정 못할 터인데 이것을 뒤집어버리자는 코페르니쿠스의 머리를 정상이라고 생각한 사람은 없었을 것이다. 누가 보아도 분명하게 아침에 해가 동쪽에서 뜨고, 서쪽으로 지는 것이었다. 마찬가지로 지구상에 번성하고 있는 생물들도 신의 뜻이라고밖에 생각할 수 없는 오묘한 형태와 그 생존수단을 느닷없이 진화론으로 설명하는 것이 너무 황당하게 느껴졌을 것이다.

다윈의 말처럼 생물이 연면하게 이어져 나가면서 형태 변화를 이룩해 왔다면, 그 진화과정에 있는 많은 연계 고리의 생물들이 발견되어야 할 터인데 그것이 별로 발견되지 않아, 결국 지구상의 생물들은 신의 뜻으로 소멸하고 창조되고 다시 소멸하고 창조되는 과정을 되풀이해 왔다고 가정하는 것이 훨씬 납득하기 쉬웠던 것이다.

그러나 고생물학 특히 화석 발굴분야에 있어서 큰 발전을 보자 시조조(始祖鳥)와 같은 화석이 연속적으로 발견되고 이 글의 서두에서 언급한 틱타알릭처럼 물고기와 육상동물 간의 다리를 놓아주는 화석의 발견은 특종기사가 되는 데 부족함이 없었다.

돌이켜볼 때 자기증식이 가능한 원생적 생명체가 바다에서부터 시작하였다는 것은 거의 확실시되고 있다. 특히 캄브리아기를 전후하여 수서 생물들의 폭발적 증가 이후 오르도비스(Ordovician) 중기를 기점으로 물고기가 선보이게 되고, 시루리아(Silurian)기에는 처음으로 육생식물들이 육지를 덮기 시작하고 대기 속에 산소를 만들게 되자 수생 생물들이 생명유지에 필요한 산소를 아가미로 흡입하게 된다. 육상에서는 대기 속의 산소를 흡입하는 허파가 필요하니 이 아가미에서 허파의 기관 변화는 육상 생활에 필요불가결하게 되었고, 나아가서 육상 생활에서 민첩한 운동을 가능케 하는 다리 기관이 중요한 새로운 기관으로서 요구되었던 것이다.

틱타알릭은 그 새 기관의 발생 과정을 아주 분명하게 보여주고 있다. 이 다리는 이동에 있어서뿐만 아니라 점차 발목, 발가락으로 발전하여 나무에 오르고 먹이를 잡고, 굳건하게 서서 먼 곳을 경계하는 데도 크게 역할을 하게 된다. 만약 이 틱타알릭의 도약이 없었다면 그 뒤를 잇는 양서류, 파충류, 조류, 포유류에 이르는 진화가 있을 수 없고 호모사피엔스도 출현하지 못하였다고 봐야 할 것이다.

진화론의 계통수 그리기에서 잃어버린 고리(Missing link)를 채우게 될 때마다 종래의 창조론 주창자들이 지지기반을 잃는 것 같은 초조감을 보이는데 필자가 여기서 강조하고픈 것은 그 반대의 주장이다. 중세 신학이 생동적인 변태를 하지 못하고 도리어 '종교 재판'

같은 죄악적인 탈출구를 찾게 되었던 과거를 우리는 잘 기억하고 있다.

만약 토마스 아퀴나스(Thomas Aquinas) 같은 지혜 있는 해결사가 없었다고 한다면 오늘날 우리가 누리고 있는 크리스트교의 참된 모습을 영원히 잃어버렸을지도 모른다. 토마스 아퀴나스는 아리스토텔레스의 철학을 그의 신학을 토대로 삼아 엮어낸 『신학대전(神學大典)』을 통하여 스콜라 철학을 구축한 것이다. 같은 맥락에서 다윈의 진화론이 크리스트교에 새로운 신학에의 탈피를 가져오게 하는 역할을 기대하여야 할 것이다. 바오르 2세의 진화론 긍정을 표명하면서 진화론을 생물과학적인 측면에서 인정하나, 신앙적 측면에서는 여전히 창조주의 영역에 두어야 한다는 선언도 역시 종교일반의 열린 시대를 시사하며 개정판 『신학대전』 곧 현대판 스콜라 철학을 지향한 것이라고 할 수 있다.

갈릴레이가 지동설을 지지하면서도 종교적 억압으로 자기부정을 하였으나 그가 마음속에서 외쳤다는 '그래도 지구는 돌고 있는데'하는 것이 다시 기억난다. 과학적 측면에서 볼 때 지구는 틀림없이 자전하면서 태양을 일 년에 한 바퀴씩 공전하지만 우리는 아침에 해가 동쪽에서 뜨고 저녁에는 서쪽으로 지닌 것을 마음에 새기면서 살고 있다. 즉 천동설적 정감으로 살고 있으며 그것에 아무런 위화감도 느끼지 않고 행복을 추구하고 있는 것이다.

생각해 보면 인류는 그 원인(猿人)시대를 기점으로 하여 500만 년 이상의 힘들고 험한 환경을 극복하면서 인류의 맥을 이어가는 과정에서 오로지 생존하기에 필요한 온갖 정보를 DNA에 흡수하면서 오늘에 이르렀다고 보아야 할 것이다. 결국 우리 인류는 우리의 결정적인 주춧돌이 될 수 있는 종교를 창조하였다는 것이다.

결국 신은 영원히 우리 뇌 속에 깊은 뿌리를 내리고 있다고 보아야 할 것이다. 유신론자, 무신론자, 혹은 일신교, 다신교 신자들은 오늘 이 시간에도 어려울 때는 위로를 받기 위하여, 즐거울 때는 그것을 알리기 위하여 사찰, 교회, 혹은 모스크, 시너고그를 찾아 가는 것이다.

35
인격 그리고 국격

　오랜 세월 다도(茶道)를 즐기는 사람이 다례(茶禮)에 젖게 되면 그 사람의 외모마저 많이 달라진다. 이를테면 큰 체구를 가진 사람은 그 몸집이 실제보다 작게 보이고 반면, 왜소한 체격은 크게 보인다는 것이다. 뿐만 아니라 모든 언동에 있어서 여유가 있게 보인다. 언동은 그럴 수도 있겠으나 외모가 그렇게 바뀔 수야 있겠는가 하는 생각이 들지만 그럴 수 있을 것 같기도 하다.

　다도 의식이라는 것은 물을 끓여 적당한 온도로 식혀 그 물에 찻잎을 넣어서 차향을 우려내어 그 향기와 맛을 음미하는 과정을 말한다. 일회용 드링크나 보리차를 마시는 것과는 달리 그 전후 절차에 있어서 주인의 일거수일투족이 손님 앞에서 행하여지고 보니 부지불식간에 가장 아름다운 동작으로 하려 하게 되고 가장 효율적인 손놀림과 몸동작이 의식적으로 다듬어지고 불필요한 동작은 점차 배제되어 가는 것이다.

말하자면 오랜 세월 동안에 갈고 닦아 완성된 하나의 아름다운 본(本), 곧 형(型)이 만들어진다는 것이다. 그와 같이 하여 만들어진 동작이나 말솜씨는 회동하고 있는 손님들의 눈과 마음을 즐겁고 편안하게 해준다. 그러므로 그 사람의 외모까지도 아름답게 바뀐 스펙트럼을 통하여 비쳐지는 것이다.

어떤 거푸집의 아름다움은 그 당사자가 일정한 행위와 동작을 의식적으로 수없이 반복하는 과정에서 마음과 몸 움직임이 서로 호응하듯 통일될 때 무의식적으로 발현된다고 보아야 할 것이다. 이것은 20세기 초기에 프로이드(S. Freud)가 대담하게 제의한 무의식층을 함께 이야기하면 더욱 설득력이 있을 것이다. 즉 어떤 사람에 있어서 일정한 형이 완성되었다는 것은 되풀이되는 의식적 언동이 무의식층에 컴퓨터의 OS처럼 입력되어서 필요할 때는 언제나 무의식하에서 재현되는 상태를 말한다고 할 수 있다.

이렇게 해서 만들어진 형은 모든 분야에서 만능세포(ES 세포)와 똑같은 저변적인 능력을 가지고 있다고 볼 수 있다. 이를 테면 피아니스트가 심취한 듯 피아노 건반을 두들기는 동작을 볼 때나 무용가가 많은 관중 앞에서 무용 행위를 통하여 그의 미적 세계를 표현할 때 우리는 그것을 느낀다. 예술이나 스포츠 분야에서 가장 중요시되는 것도 일정한 형을 당사자에게 입력시키는 일이라고 할 수 있다. 스승이나 전문분야 코치들이 시도하는 것이 바로 그와 같은 작업이다. 형이라는 것은 가장 기초적인 것으로 건축물에서 비유한다면 기초 작업과 같은 것으로 이 기초 작업이 완벽하게 만들어져야 그 위에 건립할 건축물이 다양하게 또는 호화롭게 세워질 수 있는 것이다.

학문 연마에 있어서도 똑같은 비유가 성립된다. 외국어 습득에 있어서의 기초 단어와 기초 문형을 일단 머릿속에 입력하여 형으로서 저장하여 두면 언제나 그 기초 단어와 기초 문형이 실제 회화나 독해 작업에서 적시 적법으로 재생 활용되는 것이다. 수학에서 구구단을 암기시키는 것도 모든 계산의 초기 단계에서 필수불가결한 형 역할을 하는 까닭이다.

최근 갑작스레 비중을 더하게 된 독서 장려도 그와 같은 맥락에서 매우 중요한 국가적 과제가 되고 있다. 컴퓨터 모니터를 통한 토막 난 지식만의 입력으로서는 형의 구축이 어려운 까닭이라 할 수 있다. 특히 아이들이 게임 같은 것에 열중하는 것을 볼 때 더욱 걱정이 된다. '게임 뇌'라는 말이 상용되고 있는데 이것은 게임 놀이가 뇌의 발달을 저해하여 입력된 정보가 검색을 맡아보고 있는 전두엽 전야(前頭葉 前野)를 거치지 않고 바로 출력되어 버린다는 것이다.

말하자면 브레이크 장치가 미비하고 가속장치만 있는 자동차와 같이 대단히 위험한 상태에 빠지고 있다는 것이다. 우리가 보아서도 쉽게 알 수 있듯이 어린이들이 게임을 할 때 순간적인 검색을 통한 반응이 아니라 무릎반사와 같은 손가락 놀림에 놀라지 않을 수 없다. 사회적 위험 요소로 간주되는 발작적 범죄 같은 것도 이와 같은 게임과 무관하다고는 할 수 없을 것이다.

예술이나 스포츠에 있어서 형이라는 것은 그 분야의 대성자가 평범한 자질의 소유자라 할지라도 열심히 노력만 하면 도달할 수 있는 기준으로 만들어 놓은 틀인 것이다. 서도가가 중국의 이름난 명필들의 묵적을 임사(臨寫)하는 행위도 선현의 형을 닮아 보겠다는 노력이라 할 수 있다. 아무리 왕희지의 본을 모방하더라도 왕희지와 똑같은 서체에는 도달할 수 없기 마련이며 이것은 재능의 부족이라기보다 개성의 상이함으로 보는 것이 합당할 것이다. 이제 그 모방가는 나름대로의 형을 완성한 것으로 간주되어야 할 것이다. 그의 독창적 서법이 시작되는 기점이 된다.

이와 같은 형의 추구는 더욱 그 한계를 넓혀보자는 것이 필자의 생각이다. 일상생활의 모든 분야에 있어서 이 형이 문제가 되는 까닭이다. 모든 사람들은 그 마음가짐이나 거동에 있어서도 그 나름대로의 형을 기틀로 하여 발현되게 마련이니 우리는 그것을 그 사람의 인격으로 치부하게 된다.

당사자의 무의식층에 저장되어 있는 마음가짐이나 거동을 일으키게 하는 것은 모두 그 사람이 지니고 있는 형(型)을 원천으로 하고 있다는 이야기가 된다. 이를테면 검도 같은 무예에서 형을 굳힌 사람에게는 자신의 위기관리에 대한 만전이 항상 갖추어져 있어 무엇인가 허점 없는 분위기가 당사자의 주위를 감싸고 있는 것 같이 느껴진다는 것이다.

흔히 우리들은 격이란 말을 많이 쓴다. '그 사람은 자격이 있다.' '그것은 그 사람에게는 격이 맞지 않다.' 등으로 쓴다. 이 격이란 말은 곧 모든 분야에 활용될 수 있다. 상가(商家)에서도 이것을 남발하는 것이다. 고품격이란 것을 상품의 캐치프레이즈(Catch phrase)로 쓰고 있는 것은 다반사다. 고품격의 가구, 고품격의 아파트 단지…… 등을 즐겨 쓴다.

사실 이 품격이 지역 단위로 나타날 때는 그 지역의 풍습이나 풍속이 되는 것이다. 요사이 같이 지방화 시대를 맞이하여 다투어 문화 도시, 역사 도시, 교육 도시를 외치는 것도 그 도시의 품격이 그에 알맞게 높다는 것을 과시하기 위함일 것이다. 이것을 한번 국가 단위로 확대하여 보자. 어떤 국가 할 것 없이 국가 지도자는 국방을 위시하여 국가 경제, 국민의 문화를 가장 중요한 정치적 이슈로 내건다. 사실 여기서 국방이나 경제는 말할 나위도 없겠으나, 오히려 그것을 능가하는 미풍양속을 그 국민의 형으로서 구축해 나가는 것이 가장 중요한 이슈가 되어야 할 것이다.

인천공항에 국제선이 착륙하면 그들 승객 중 처음 오는 외국인들은 우선 이 나라의 문화적 품격을 저울질하게 될 것이다. 마음 놓고 택시를 타고 행선지만 알리면 안전하게 가장 싼 요금으로 나를 목적지에 데려다 줄 것인가를 생각할 것이다. 나아가서 밤거리를 여자의 몸으로 혼자 걸어 다녀도 괜찮을 것인가. 쇼핑가에서는 상인들의 말을 그대로 믿을 수 있을 것인가 등 만감이 교차할 것이다.

만약 이 나라에서는 모든 것을 맡겨 놓고 관광할 수 있는 미풍양속의 형이 되어 있는 나라라는 인식이 자리한다면 그 이상 아름다운 일은 없을 것이다.

끝으로 삽화 하나를 적으면서 이 글을 맺을까 한다. 오래전 유럽을 여행하였을 때의 이야기다. 배낭여행과는 좀 다르지만 거의 그에 준하는 장비로 유럽을 돌아보기로 했다. 필자가 신세를 진 스위스의 지인 댁을 떠날 때 주인 할머니가 이태리를 관광할 때는 부디 조심하라는 것이다. 도둑이 너무 많고 경찰도 믿을 바 못된다고 걱정하셨다. 이태리 국경을 넘기 전에 스위스의 루가노에서 숙박할 때, 스위스 지인 할머니의 당부가 머리를 맴돌아 잠을 설쳤다. 결국 별 탈 없이 이태리 순람을 마쳤는데 국가 품격이 이 정도 떨어지면 그 나라 국민으로서 이만저만 슬픈 일이 아니다. 평소 알뜰하게 인격을 도야하듯이 국가지도자를 선도자로 하여 국가 품격 곧 국격(國格)을 지속적으로 닦아야 할 세기가 온 것 같다.

정치의 요체는 곧 멋있는 국가 품격을 만드는 일인 것이다. 최근 주간 타임지가 커버 이슈로 내건 '아시아의 최고(The Best of Asia)'에서 일본인의 정직함을 다음과 같이 기사화하고 있었다. '냉소주의를 위한 치료제(Cure for Cynicism)'의 캡션으로 2005년 일본에서 분실된 지갑의 75%가 현금, 신용카드 그대로……, 그리고 휴대폰의 95%가 분실한 일본인에게 돌아왔다고 하면서, "어떤 점으로 보아도 이 정직성에는 다른 외국인을 놀라게 하고 있다."고 글을 맺고 있다.

필자 개인감정 같지만 일본 지하철역에서 목숨을 걸어 일본인을 구출한 '이수현' 군으로 하여금 높아진 우리의 '국격'은 '월드컵 우승'의 몇 갑절의 몫을 하였을 것이다.

36
뱀 공포증

쥘 르나르(Jules Renard)는 동물에 대한 무한한 애정을 그의 천재적이고 익살스러운 재능으로 독자를 즐겁게 해주고 있다. 그는 '박물지(博物誌)' 속에서 '뱀'에 대해서는 가장 짧게 묘사하고 있는데 그 내용을 보면, 단 한 줄로 '너무 길다'라고 되어 있다. 벼룩은 '용수철 장치의 담배가루' 나비는 '두 장 접이의 러브레터는 꽃 주소를 찾고 있다' 등 그의 기발한 정감의 눈빛이 느껴지게 한다.

이 글의 제목인 '뱀 공포증'을 르나르의 비유를 본떠 '너무 징그럽다'라고 하면 어떨까. 르나르의 '너무 길다'는 시각에 들어온 뱀의 몸체를 그대로 받아들이고 다시 유머레스크하게 글로써 나타내고 있다. 그러나 이 경우는 시각으로 받아들인 것을 다시 감수자의 애증(愛憎) 감정으로 처리하여 가치판단을 하는 격으로 쓰고 있는 것이다.

필자 역시 풀밭이나 숲속에서 뱀을 발견하였을 때 '너무 길다' 번

드르르하다'에 앞서 순간적으로 놀라움을 느끼면서 '아! 너무 징그럽다'는 생각이 든다. 지역이나 종족에 관계없이 뱀을 무서워하는 것은 공통적인 것 같다. 그래서 요사이 분자유전학적 측면에서 이미 유전인자 속에 컴퓨터 OS처럼 깔려있다고 가정하고 있지만, 사실은 그렇지 않다는 연구 결과가 나오고 있다. 뱀을 무서워하는 것은 우리들이 성장 과정에서 배워온 결과라는 것이다.

기독교 문화권에서는 흔히 에덴동산에서 인류가 추방된 원인을 제공한 원흉이 뱀이라는 기록이 나오고 있다. 성경을 쓴 고대인들도 역시 뱀에 대한 혐오감은 오늘날과 별로 다르지 않았던 것 같다.

그러나 뱀에 대한 신앙은 그 뿌리가 아주 길다. 우리가 쉽게 볼 수 있는 의무장교의 휘장에도 그리스 신화에서 나오는 의신(醫神) 아스크레피오스의 지팡이에 휘감기는 뱀을 의술의 심벌마크로 하고 있다. 세계 보건기구(WHO)의 마크에도 뱀이 그려져 있다. 상인의 신, 수성(Mercury)도 두 마리의 뱀이 감겨있는 지팡이를 들고 있으며, 일본의 명문 상과계대학인 히토쓰바시 대학(一橋大學)에도 뱀이 등장하고, 그 외에도 상업계 고등학교에서 뱀의 의장을 애호하고 있다. 우리 문화에 뿌리를 찾고 있는 일본 문화에서도 이 뱀들이 많이 등장하고 있다. 설날 명절에 현관 처마를 장식하는 금줄(しめ縄), 가가미모치(鏡餅)[1] 그리고 허수아비(案山子)도 뱀을 원형으로

---

1) 둥근 모양의 떡을 쌓아 올린 일본음식.

한 의장이라 한다.

오래 전에 하와이 여행을 하였을 때, 안내원이 하와이 제도에는 뱀이 없다고 자랑스럽게 이야기했다. 하와이 당국에서도 가장 경계하는 것이 뱀이고, 관광객과 함께 들어오는 것을 두려워한다고 하였다. 우리나라의 울릉도 역시 뱀을 발견할 수 없다고 한다. 한때는 울릉도에 가서 살았으면 좋겠다는 생각이 들 정도로 필자도 뱀 공포증 환자이다. 뱀 걱정 없이 무성한 풀밭을 거닐 수 있었으면 얼마나 좋을까 하는 상상도 가끔 해 본다.

어떤 주간 잡지가 인도의 이룰라(Irula) 종족의 뱀 독물 센터의 이야기를 기록하고 있다. 내용인즉 대부분의 인도 사람도 뱀은 매우 두려워한다고 전제하고 인도에서 일 년 동안 뱀에 물려죽는 사람이 2만 명 정도가 되고 있으나, 뱀의 무작정 살육은 환경 보호법상 금지되어 있다는 것이다. 만약 뱀을 대량 소탕함으로써 이득을 보는 설치류 즉 쥐의 횡액(橫厄)이 두려워서이다. 뱀은 주로 쥐를 잡아먹고 사는데, 만약 이 식물 연쇄에 차질이 생기면 인도인들이 당하는 곡류의 피해가 전 생산의 20%에 해당되며, 그것으로 인한 아사 인구는 2만 명이 아니라 2백만, 2천만이 될 수도 있다는 것이다. 이 이룰라족들은 수백 년 이래 뱀을 잡아 그 가죽을 팔아 생계를 꾸려왔다고 한다. 1976년부터 이와 같은 행위가 금지되자 그들의 생계가 위협을 받게 되었다.

마침내 야생동물 보호에 앞장섰던 로물루스 위태커(Romulus

Whitaker)란 사람이 다시 이들 종족의 뱀 포획을 용납하고, 이번에 가죽을 이용하는 것이 아니라 산 채로 그 독액을 뽑아 항독 혈청을 만드는 데 이용하라는 것이었다. 약 4주 동안 독을 분비시킨 뒤 다시 뱀들을 야생으로 돌려주자는 것이다. 그 대신 이 독액으로 항독 혈청을 대량으로 제조하여 전국 보건소에 보급하여 뱀에 물렸을 경우 즉각 해독 치료를 받을 수 있게 하겠다는 것이다. 현재 이 이룰라의 뱀 독물 센터는 인도의 항독 혈청의 80%를 제조·공급하고 있다.

"호랑이와는 달리 뱀은 하루 백 번 보아도 백 번 놀란다."는 어머니의 푸념이 상기된다. 지상에서 생존하는 모든 생물은 이동용 다리를 가지고 있는데 유독 뱀만은 다리가 없고 S자 운동으로 이동하고 있다. S자 이동이 우리로 하여금 뱀공포증으로 몰아넣는 것일까?

37
자폐증과 배려의 마음

　자폐증은 현실에서 멀어지고 자기의 내면세계에 파묻혀 있는 정신질환을 말한다. 최근 미국이나 일본에서 자폐증 아동들에 대한 기사가 중요 신문에 자주 실리고 있다. 2006년 5월 29일 미국 주간지 타임의 커버스토리에 고개를 숙인 미소년이 두 손을 바지주머니에 넣은 채 멍하게 앞을 바라보고 있는 사진이 실려 있었다. 기사 내용을 보면 오늘날 미국에서 태어나는 어린이들은 정도의 차이는 있으나, 거의 모두가 자폐적 증후군을 가지고 있다는 것이다. 10년 전에 비하면 2배, 30년 전에 비하면 17배나 된다고 한다.

　의학계에서는 자폐증(Autism)을 자폐 스펙트럼 장애(Autistic Spect -rum Disorder)로 부르고 있다. 사람들은 제각기 자폐적 경향을 가지고 있으나 그 증상이 심한 정도에 따라 자폐증으로 분류한다. 오늘날 '광(光)토포그라피' 같은 의료기기의 출현으로 뇌 과학의 비약적 발달이 이루어지고 있어 뇌 각 부위의 기능도 속속 밝혀지고 있어 이 증후군에 대한 원인 규명도 불원간 해결되리라 전망된다. 현시점까지 밝혀진 것으로는 자폐증 환자의 뇌 해부학적 특징으로 뇌 활동이 심포니(Symphony)적이지 못 하고 잼·세션(Jam session)적이라고 지적한다. 즉 뇌각부의 상호연결이 통괄적이지 못하고 제각기란 뜻으로 받아들여야 할 것이다. 감각기관으로 받아들인 정보를 종합 분석하기에 앞서 국부적인 분석을 통하여 곧 행동으로 옮겨진다고 보는 것이다.

우리는 어떤 영역에 몰입하는 예술인이나 학자를 일러 'ㅇㅇ광'이라 부른다. 이 호칭은 좋은 면도 있겠으나, 또 일면 폄훼하는 뜻도 된다. 일종의 가벼운 자폐증 증후군에 속하는 까닭이다. 자신을 둘러싸고 있는 현실적 조건을 묵살하고 자기 목표를 향하여 저돌하는 사람들이다. 흔히 말하는 아스퍼거 증후군도 이와 비슷한 것이다.

그러나 이와 같은 특수 체질은 예외이고 일반적인 사람들은 언제나 자기 주위를 의식하면서 조화 속에서 살아가는 것이다. 결국 훌륭하고 멋진 사람이라고 하면, 교향악단의 각 연주자처럼 지휘자의 지휘에 따라 다른 연주자들의 악기에 조화롭게 간섭하면서 또 간섭당하면서 문자 그대로 교향하면서 살아가는 사람이다. 우리가 사는 사회라는 것은 제각기 음색이나 음량이 다른 악기로 일대 교향악을 엮어나가는 큰 무대라고도 할 수 있다.

뇌 해부학에서 흥미로운 사실은 자폐적 증후를 가진 사람들의 뇌는 뇌량(腦梁)이 아주 좁다는 것이다. 뇌량은 좌·우 뇌를 연결하는 역할을 하는 곳인데, 이곳이 좁다는 것은 좌뇌 활동과 우뇌 활동의 상호조절이 취약하다는 결과를 낳게 된다. 흔히 좌뇌는 언어뇌라고도 부르며, 논리적인 사고에 비중을 두고 있고, 우뇌는 음악뇌라고 하여 주로 감정을 관리하는 곳으로 되어 있다. 이 좌우 양 뇌의 활발한 교류는 균형 잡힌 이성과 정감의 상호조절을 보다 용이하게 관리할 수 있게 된다는 추측을 불러일으킨다.

여담이지만, 여성은 뇌 해부학적 특징으로 이 뇌량이 남성보다 더 발달되어 있다고 한다. 여성은 남성보다 감성적이고 의성어, 의태어에 대한 반응과 외국어 학습 능력이 뛰어난 것도 이 뇌량의 특징과 무관하다고는 할 수 없다.

한편, 자폐증 환자는 좀 비대한 편도체를 가지고 있다는 것이다. 하기야 자폐증 증후와 편도체 비대는 어느 쪽이 원인인지 혹은 결과인지 확실히 알 수 없으므로 더욱 연구 실험을 하여야 할 것이다. 편도체는 그 일반적 기능으로 그를 둘러싸고 있는 자연적, 사회적 환경이 불러오는 위협을 계칙하는 역할을 하는 곳으로 되어 있다.

어떻게 말하면 자폐증 환자는 이 외부 위험에 대한 과잉적 위기 관리 체제를 갖추고 있다는 것이다. 보호자의 얼굴, 특히 시선과 마주치는 것을 꺼리는 것도 그런 이유에서 온다는 것이다. 흔히 우리는 '눈칫밥을 먹는다.' '눈치를 보면서 산다.'는 말을 쓰는데 이것은 타인과의 조화를 눈치 살피기에서 시작한다는 것이다.

이처럼 우리는 서로의 심중을 살피는 데 상대방의 눈빛을 가늠쇠로 하고 있다. 그런데 자폐증 환자는 이 가늠쇠를 두려워하고, 서로 눈을 맞추지 못하고, 상대자의 입술 움직임을 주시하는 것이다. 결과적으로 상대자의 심중을 항상 오판하기 쉽고, 서로의 심중 교류에 난기류를 일으켜 버리고 만다. 그리고 보니 달팽이가 더듬이 감추듯 신속하게 자기 속으로 칩거하여 버리는 결과가 되는 것이다.

어떤 아동 정신학자는 다음과 같이 설명하기도 한다. "사람은 두 가지의 극을 가진 나침반과 같다. 그 한 쪽은 감정이입을 통한 공감대 형성에 기울었고, 반대쪽 끝은 남의 심중을 전적으로 도외시하고 자기기준으로 모든 것을 판단하는 경향이라고 한다. 전자를 가리켜 '이야기적 사람', 후자를 '도감적 사람'이라고 부르고 있다. 하기야 남의 형편을 지나치게 의식하고, 그것과 발맞추어가야 한다는 강박감 의식도 문제가 되지만 남의 사정을 완전 고려하지 못하고 독불장군이 되는 것은 더욱 문제라 할 수 있다. 오늘날 화제가 되어 있는 '왕따'는 가해자의 책임이 절대적이며, 자신과 같거나 다른 사람 대한 위화감과 배려심의 절대적 결핍으로 일어나고 있는 증후군이라 할 수 있다.

필자가 하고 싶은 말을 끌어내기 위해서 너무 이야기를 늘어놓았다. 신문 기사에 "미국에 있어 자폐증 증후군은 거의 기하학적 증가세를 보이고 있다"는 보도는 문득, 우리 주변 걱정을 하게 해 준다. 역사적으로 되돌아 볼 때 우리 인류는 종족이나 부족의 단순한 부속물적 위치에서 조금씩 분리되어 결국 개인(Individual)이란 낱말을 만들어내기까지 되었다. 자아, 자기의 독립과 개발이 인생의 최고 목적으로 자리매김하게 되었다.

이와 같은 자기발견의 회오리 속에 휩쓸려 자기, 자아의 본질적인 파악에 눈을 돌리지 못하고 있는 것이 오늘날의 우리들의 현실이다. 결국 '개인주의'라는 표현에 흔히 눈살을 찌푸리게 되지만 이것은 개인의 올바른 뜻을 이해하지 못하고 '너 없는 나'가 있을 수 있다고 잘못 생각함으로써 일어난 오류이다. '너 없는 나'가 성립되지 않는 것은 명약관화한 사실이다. 이것은 흡사 물체와 그림자 관계처럼 물체가 있어야만 그림자가 생기는 것과 같은 것이다. '너 없는 나'의 허황된 자리매김은 곧 '이기주의'로 타락해 버리는 것이다.

흔히 "남이야 뭐라고 하든 내 실속이나 차리자", "남에게 피해주지 않으면 될 것 아니냐?", "남이야 죽든 살든 나는 관여하지 않겠다." 등이 곧 '너 없는 나'의 귀결이라고 할 수 있다. 이와 같은 생각이나 행위를 '상호 무간섭'으로 보고 긍정적 평가를 하기도 하지만 이것은 '상호무관심'의 영역에 속하며, 흡사 자폐증 환자가 타인과의 공감대를 일으키지 못하는 것과 같다. '관심'은 곧 '사랑'의 감정이다. 이 세상에서 '사랑'이란 공기를 배제하여 버린다면 진공상태에서 생명체가 사멸하듯 참사람은 모두 죽어 버리고, 로봇과 같은 사람만이 남게 되어 군중 속의 고독 현상을 일으키게 될 것이다.

동남아일대를 쑥대밭으로 만든 쓰나미 재앙이나 인도네시아에서의 큰 지진도 '오불관'이란 태도를 취한다고 가상해 보자. 영양부족으로 뼈와 가죽만을 남기고 있는 아프리카 오지의 기막힌 상황의 사진들을 보고도 별다른 연민의 정을 못 느끼는 사람이 되어버린다고 생각해 보자. '사랑의 리퀘스트' 방송을 시청하면서 무의식적으로 누르는 1,000원짜리 전화가 전혀 울리지 않는 사회를 가상해 보자.

우리는 언제나 가슴에 손을 얹고 정감의 호수가 말라들고 있지는 않는지 자기 진단을 하여야 한다. 오늘날 우리 사회는 정감적 자폐증을 유발·촉진하는 풍경들이 너무 많다. 자기도 모르는 동안에 유사 로봇이 되어 간다는 것은 생각만 하여도 소름이 돋는 무서운 일이다.

우리가 살고 있는 이 지구 속 사회는 관심과 배려로 숨 쉬고 있다. 그러나 오늘날 자행되고 있는 테러행위를 보면, 이념이 무엇이든 간에 "사람이 어떻게 그런 짓을 할 수 있겠나?" 하는 인간 감정의 원점으로 돌아가야 할 때이다. 역지사지의 배려가 조금이라도 있다면 그와 같은 행위는 할 수 없을 것이다. 모든 사람이 자기능력에 알맞게 베풀고, 베풀 것이 없을 때는 따뜻한 미소 또는 격려의 말 한 마디라도 나누면서 살아나가야 할 것이다. 우리 사회가 자폐증 증후군을 일으켜서는 안 된다. 지금 이 순간에도 '국경 없는 의사회(Medecins Sans Frontieres)'가 세계 각처에서 땀을 흘리고 있다.

38
독도의 파도

　독도 문제가 한일 양국 간에 파도를 높이고 있다. 결국 일본 측이 일방적으로 일으킨 평지풍파 같은 것이다. 여기서 참고로 일본인의 독도관을 알아보아야 할 것이다. 일본에서 최대 다수의 독자층을 자랑하는 일간지 요미우리 신문의 논조를 소개하면서 우리의 마음가짐을 다져 나갔으면 한다.

　일본에서 독도의 호칭은 다케시마(竹島)라고 한다. 다케시마는 일본 시마네켄(島根県)의 오키시마(隠岐島)의 북서 85해리에 위치하고 있다. 총 면적은 약 0.23㎢이며, 일본은 1905년 1월 28일 일본령으로 하는 각의 결정을 거쳐 같은 해 2월 22일 시마네현 고시 제402호로 동현에 편입시켰다. 1910년 일본에 병합된 한국이 1945년 일본 패전으로 독립하고, 1952년 1월 18일 일방적으로 '이승만 라인' 일명 '평화 라인'을 선언하고 한국 영토로 정하고 54년에 무장 경비대를 상주시켜 지금에 이르고 있다. 그리고 같은 날 요미우리

신문 사설에서 '다케시마의 날'을 정하고 그 캡션으로 '무사안일주의로 넘어가서는 안 된다.'는 기사를 쓰고 있으며, 그 끝부분에 "시네마현 의회에 의한 '다케시마의 날' 조례 가결은 만장일치이며, 그 취지는 영유권에 대한 세론의 계발을 위한 것이다"라고 맺고 있다.

그리고 일본 해양 조사선 관계로 문제가 가파르게 악화되자 요미우리 신문(2006. 4. 21)은 그 사설 주제를 '다케시마 해역 조사'로 하고 "냉정하게 타개의 실마리를 찾아야 할 것이다"라고 캡션을 달았다. 그리고 기사의 마지막에 "…… 무엇보다 걱정스러운 것은 아무것이나 무턱대고 '과거의 침략'과 연계시켜 반일감정을 부채질하는 대통령의 자세이다. …… 이 문제를 정권 부양에 이용하려는 속마음은 무엇일까? ……, 최종 결정은 결국 국제 사법 재판소의 재정(裁定) 밖에 없을 터인데……."

위에서 필자가 일본측 신문의 인용에 비중을 둔 까닭은 우리가 독도를 우리 영토라는 신념에 티끌만큼의 의아심을 품고 있지 않듯이, 일본인들도 그들 나름대로 비슷한 생각을 가지고 있다는 객관적 사실을 밝히고 싶은 것이다.

지도에서 보면, 우리의 영토 울릉도에서 45해리이며, 일본 영토인 오키섬에서 85해리 해상에 솟아있는 이 자그마한 바위섬이 양국 간에 영유권으로 난기류를 일으키고 있다는 자체가 부끄러운 일이다. 이를테면 대마도의 경우도 같은 맥락에서 부끄럽게 느껴진다. 맑은 날에는 부산에서 지척으로 보이는 섬인데 역시 일본의 고유 영토로서 치부되고 만 것이다.

청천(淸泉) 신유한은 18세기 초에 제술관(製述官) 자격으로 일본에 파견된 조선통신사의 한 사람이다. 그는 도중 기항지 대마도의 이즈하라(嚴原)에 도착해 일본측 번(藩) 통역사가 대마도 번주에 안내하려 했을 때, 신유한은 노성으로 일갈했던 것이다. "이 섬은 조선의 일개 주현(州縣)에 불과하다. 그리고 이 섬 도주(島主)는 조선의 번신(藩臣)에 불과하다. 그런데 조선 국왕의 직신인 내가 타 지방관에 가서 접견을 받아야 하나"

조선통신사 행렬도

라고 했다. 얼핏 보기에는 대단히 의연하고 타당한 것 같이 느껴지기도 하나, 사실상 대마도 주는 우리의 번신은 아니었다.

조선의 고관들은 이와 같은 과장된 기질을 다분히 지니고 있는 가운데, 중원 문화에 대한 일종의 모화(慕華) 사상은 고황에 박혀 있었던 것이다. 그들은 중원 문화에서 발신되는 정보에만 애착과 신임을 주고 있었다. 이와 같이 정치적 내지 문화 정보의 편식(偏食) 습벽은 우리 역사를 통하여 줄곧 이어지고 있었다. 아큐정전(阿Q正傳)이 뇌리를 스치는 순간이다. 실질적인 실력 양성이나 영유권 처리 문제를 좀 더 미래 지향적으로 해두었다면 하는 아쉬움을 뼈저리게 느낀다.

일본은 19세기 중반 미국 페리 제독이 몰고 온 구로후네(黑船)에 눈을 뜨고 단기간에 명치유신을 성공시켰을 때도 우리는 그 소중한 정보를 묵살하고 말았다. 부산에 있던 왜관(倭館) 문 벽에 고지문을 붙여 "…… 그 모습을 바꾸어 속(俗)을 취하였다. 말하자면 일본인은 사람이라 할 수 없다. …… 무법의 나라이다"라고 하였다. 이와 같이 일본이 유신을 계기로 적극적으로 추진해 가던 서구화 운동에 대해 엉뚱한 안경을 쓴 채 보고 있었던 것이다. 정치 체제의 근간적 개혁은 보지 않고 의복이나 헤어스타일 같은 것에만 주목하였던 것 같다. 여기서 속(俗)이라고 한 것은 무슨 뜻일까?

최근 한 일본인 친지가 "고이즈미 수상은 가장 일본 사람답지 않은 일본인이며, 기벽(奇癖)을 가진 독신주의자다. 이번 독도 문제에 대한 발언도 일본인답지 않다는 것이다." 일본인이라면, 어려운 일이 있었을 때일수록 표정을 억제하고 구렁이 담 넘어가듯 일본인 특유의 불가사의적 미소를 만능 약으로 재치 있게 실리 있는 처방으로 일을 마무리 한다는 것이다.

이번에 그가 야스쿠니 참배에서 보이는 고집은 아무리 생각해도 외교 사령적 발언이 아니다. "한국이나 중국이 이번 일로 훗날 후회할 것이다."라는 다소 격앙된 어조로 말했다. 그리고 우리 측 외교도 외교사령을 넘어 이성보다 감정이 앞선 발언을 연속했다. 양측이 모두 100%의 자존심을 내세우며 정면으로 돌진할 때 일어날 수 있는 충돌 피해를 생각해 보자.

일본이 태평양 전쟁 발발 당시 좀 더 신중하고 외교적 역량을 발휘하였더라면 그 무서운 원자 폭탄의 투하도 없었을 것이다. 또 그 전쟁의 억지 동반자로 끌려간 무고한 한국인들의 생명도 잃지 않았을 것이다. 죽은 사람의 진혼도 문제이지만 그것을 계기로 우리 가슴 속에 묻게 된 원한은 반세기를 훨씬 넘은 지금도 그대로 잔류하고 있는 것이 비극 중의 비극이다.

그러나 우리는 이런 때일수록 그 르상티망을 경솔하게 토로하는 것을 삼가야 한다. 오랫동안 UN 산하 직원으로 이슬람권에서 일을 해 온 사람이 말하기를 이슬람 극단주의자들, 특히 테러 집단들의 가슴 속에는 역사적 성격을 띤 '지난날의 짓밟힌 영광'이 자리하고 있다고 하였다. 이는 곧 영광이 짓밟혔을 때 맺혀지는 응어리가 이슬람 극단주의자들의 르상티망이라는 것이다.

이와 같은 르상티망을 지혜롭게 관용이란 미덕으로 치유해 나가는 것이 훌륭한 국민의 자질이라 할 수 있다. 독도가 우리 영토라는 것은 이미 여러 자료를 통해서 명증되어 있다. 그래서 전문가 아닌 필자는 언급하지 않을 것이며, 독도문제가 별 탈 없이 원만하게 해결되기를 바란다.

39

일본 수상과 야스쿠니 신사 참배

고이즈미(小泉) 일본 수상의 야스쿠니 신사(靖國神社) 참배 문제는 오늘날 동북아시아 국제 사회에 있어서 적지 않은 정치적인 소용돌이를 일으키고 있다. 현시점 야스쿠니 신사에는 247만 여주(餘柱)의 일본 전몰자의 신위들이 합사(合祀)되어 있다. 문제는 이들 중에는 14명의 A급 전범자들도 함께 합사되어 있다는 것이다. A급 전범자라는 것은 태평양 전쟁 종식 후 연합국 측에서 설치된 '도쿄 재판'에서 반인도적 범죄자로 선고된 자들이다.

전쟁 당시의 내각총리대신을 지낸 도조 히데키(東條英機)를 필두로 전쟁 최고 지도자들이 망라되었던 것이다. 이들 14명의 A급 전범자들이 야스쿠니 신사에 합사된 것은 1978년의 일이며, 그 사실이 일반 대중에게 알려진 것은 다음 해 1979년의 일이었다.

맥아더가 연합국을 대표한 총지휘자로서 도쿄에 연합국 총사령부(G.H.Q)를 두고 전후 처리의 첫째 과제로 일본 신토(神道)의 뿌리를 뽑는 일이었고, 그것을 위한 각서(覺書)를 발령하였던 것도 신토(神道)와 군국주의 사상은 같은 맥락이며 곧 신토가 국민을 오도하였다고 생각했기 때문이었다. 결과적으로 일본 국내의 모든 신사에 대한 어떤 형태의 경제적 후원도 용납하지 않았다. 지금까지 준 국가 기관으로 육성 보호되어 오던 신사들은 종교법인체가 되고 야스쿠니 신사도 종교법인체로서 존속하게 되었다.

그러나 맥아더의 의욕적인 노력에도 불구하고 일본인들의 신앙 관습이 큰 변화를 일으키지 않았다는 것은 그 후 신사참배 인구의 성장이 그것을 증언하고 있다. 그리고 그 당시의 오히라(大平)나 스즈키(鈴木) 수상들도 관례적으로 참배하고 있었다. 큰 문제를 일으키지 않았던 것은 수상이라는 공인(公人)의 자격이 아니고 사인(私人)의 자격으로 참배를 하고 있었다. 그러나 이 사인·공인의 구별도 어디까지나 형식에 그치는 것이고, 대단히 애매모호하게 처리되어 왔던 것도 사실이다.

현 고이즈미 수상의 경우도 "수상의 직무로 참배하는 것이 아니고 나의 신조로 참배하는 것이다."라고 하면서도 승전(昇殿)해서 그 참배 기록장에 '내각총리대신(內閣總理大臣)'으로 기록하고 있어 문제가 더욱 어려워지는 것이다. 또한 그가 부언(附言)하기로 "오늘날 나의 야스쿠니 참배를 비난하는 사람은 기실 나의 참배 자체를 문제 삼는지 혹은 중국이나 한국이 비난하니까 그것을 문제로 삼는지 물어보고 싶다."(News Week지, 2006. 2. 6)라고 하고 있다.

고이즈미 수상의 상기 발언 내용은 우리가 깊이 분석해 볼 필요가 있다. 즉, 일본인의 혼네(本音)[1]는 수상의 야스쿠니 참배를 수긍하나 다테마에(建前)[2]상 그것을 반대하고 있을 따름이다. 여기서 우리는 이 야스쿠니 이슈를 복안적(複眼的) 시점에서 살펴보아야 한다. 그 중 하나는 사회·문화적인 심층적 시점에서이고, 또 하나는 정치·사회적인 더 현실적 시점에서이다.

　일본 유력 신문이 최근 실시한 여론조사[3]에서도 야스쿠니 신사 참배에 대한 찬반 비율이 정확하게 같은 비율이었다. 찬성을 지지하는 사회·문화적인 이유는 야마오리 데쓰오(山折哲雄)[4]의 주장을 통하여 알 수 있다. 그 내용은 다음과 같다. 그는 고이즈미 수상의 야스쿠니 참배를 적극 지지하면서 중국이나 한국에 대해서 일본 문화의 신불(神佛) 공존의 시스템과 진혼(鎮魂)을 통해서 사자(死者)를 용서하는 심정이 태고 때부터 면면히 이어져 내려오고 있는 믿음이라는 것을 이해시켜야 한다는 것이다. 즉, 일본인들의 혼네는 수상의 야스쿠니 참배를 지극히 당연한 것으로 취급하고 있다고 봐야 한다.

　일본 신토의 야오요로즈노카미(八百萬神)는 사실 범신교적 원시 신앙이 어느 정도 체계적으로 수합(收合)되고 불교와 습합되는 과정

---

1) 속마음에서 나온 말.
2) 타인을 의식해서 하는 말.
3) 每日新聞, 2006. 1. 20.
4) 국제 일본문화 연구소 소장 역임. 저명한 종교학자.

에서 만들어진 것을 볼 때, 이 사회·문화적 심층 사상을 도외시할
수는 없다. 일본인들은 사람은 죽어서 가미(神)가 되고 때로는 호도
케(仏)가 된다고 생각한다. 악인(惡人)은 죽어서 아라미타마(荒御
魂)5)가 되고 선인은 죽어서 니기미타마(和御魂)6)가 되므로 악인의
진혼이 더욱 절실하다는 이론이다.

또 하나의 시점은 정치·사회의 표층 의식이다. 나카니시 히로시
(中西寬)7)의 주장을 통하여 정리해 보면 다음과 같다. 그는 고이즈
미 수상의 야스쿠니 참배를 두려워하고 있다. 일·중(日·中)관계가
정냉경열(政冷經熱)에서 정열경냉(政熱經冷)으로 바꾸어졌다고 전제
하면서 정치의 역할은 감정을 국가 이성으로 승화시키는 데 있다고
정의하고 이비곡직(理非曲直)에 있지 않다고 주장하고 있다. 고이즈
미 수상이 참배에 열을 올리고 있는 것은 책임 있는 정치가로서 바
람직한 것이 못 된다는 것이다. 신조를 앞세우지 말고 정치적 현명
함을 앞세워야 한다는 지극히 공리적인 주장을 펴고 있다. 말하자
면 국제 사회에 있어서 일본의 다테마에적인 측면을 대변하고 있는
것이다.

이와 같은 상반된 의견 곧, 일본인의 마음속에서 소용돌이 치고
있는 모순공존성(Ambivalence)과 조응(照應)되는 것이다. 양자의 주

5) 거친 신.
6) 온순한 신.
7) 교토(京都) 대학 정치학 교수.

장을 절충한 요미우리 신문의 사설은 시사하는 바가 크다. 일천만의 구독자를 자랑하는 이 보수계의 신문은 '국립추도시설의 건립을 서둘러라'라는 표제를 달고 야스쿠니 참배 강행이 불러오는 한국·중국의 비난을 두려워하는 논조이다. 외계의 장애물에 촉각을 민감하게 조절하는 달팽이의 생리와 같은 일본 문화의 한 단면을 잘 보여 주고 있다.

그리고 부기하고 싶은 것은 미일 간의 샌프란시스코 강화조약 발표 이후 A급 전범의 형사(刑死)는 일본 국내법으로 공무사(公務死)로 치부되고, 훗날 극형을 모면한 전쟁 지도자들 중에서 시게미쓰 마모루(重光葵)나 가야 오키노리(賀屋興宣)는 일본 내각의 장관직을 맡게 되었고, A급 전범으로 일단 혐의를 받은 바 있던 전중(戰中)의 장관 기시 노부스케(岸信介)는 일본 수상이 되었다. 여기에 대해서 한국이나 중국이 일언반구의 불만도 표출하지 않았다는 것은 익살스럽다.

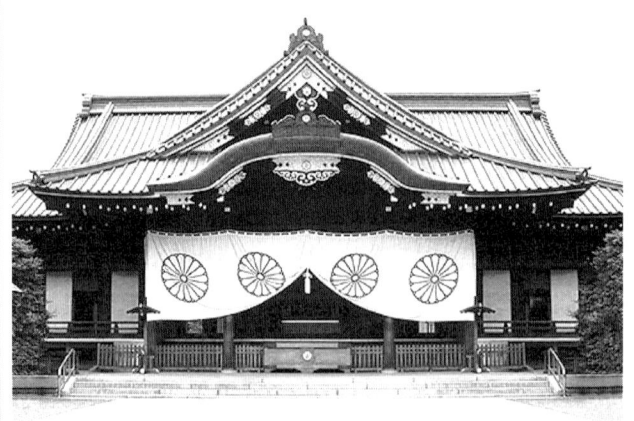

야스쿠니 신사

40

소리 풍경

1970년, 캐나다의 작곡가 쉐퍼(R. Murray Schafer)는 그의 저서 『귀속청결(Ear cleaning)』에서 소리(Sound)와 풍경(Landscape)의 합성어인 '소리 풍경(Soundscape)'이라는 말을 만들었다. 사실상 우리들은 일반적으로 풍경이나 경치를 말할 때 시각을 통하여 그려내듯이 말하는 것이 습관화되어 있다. 그러나 곰곰이 생각해 보면 시각 못지않게 청각이 우리들의 정서를 키워 온 것을 잊어서는 안 될 것이다.

아주 빼어난 미술 작품을 접할 때 우리들의 마음이 즐거워지는 것과 같이 해변 모래사장을 부드럽게 쓰다듬듯 밀려오고 다시 되돌아가는 파도소리나 숲속에서 들려오는 온갖 산새들의 지저귀는 소리도 우리들의 마음을 평화롭게 하여준다. 생물의 생존을 위한 진화 과정에서 가장 큰 몫을 한 것은 후각이었을 것이다. 점차 세월이 흘러 시각에 비중을 두게 되어 오늘날에 영장목(靈長目)에 도달하게 된 것이다. 우리들이 외계에서 받아들이는 90% 이상이 시각으로 만들어지고 자연히 후각이나 청각이 쇠퇴되어 가고 있는 것이 현실이기도 하다.

필자가 이 청각에 대하여 관심을 가지게 된 것은 최근이다. 비교적 소도시 근교에서는 그다지 느끼지 못하였는데 가끔 서울 나들이를 하게 될 때 '소리풍경'이 새삼스럽게 뇌리에 떠오른다. 도시의 큰 소음이 그 도시의 품위로서 기록된다는 것을 부정하지 못할 것이다. 도시라는 곳은 사람이 모여 사는 곳이며, 옛날 사람과는 달리 대부분 자동차를 타고 다니기 마련이니 도시 소음의 주범은 결국 자동차의 소리인 것이다. 소리 나지 않는 내연기관을 만든다는 것은 어려운 일이겠지만, 소리가 비교적 낮은 엔진을 개발할 수 있을 것이다. 그리고 차를 운전하는 사람들의 마음가짐으로 어느 정도 소리를 낮추어 갈 수도 있을 것이다.

설상가상으로 휴대전화의 완전 보급으로 버스 안이나 지하철 안이라 할지라도 가만히 눈을 감고 명상을 즐길 수 없게 되었다. 흔히 방약무인(傍若無人)이라는 말을 사용하는데 정말로 문자 그대로 곁에 사람이 있어도 없는 것처럼, 노소를 가리지 않고 전혀 배려심 없이 이야기를 하는 사람이 많아졌다. 개성 시대라고 기뻐해야 할지 타인에 대한 배려심이 없어 슬퍼해야 할지 망설여질 때가 많다.

어느 날 백화점에서 본 한 여학생의 휴대전화 거는 모습이 너무 아름다웠다. 구석진 곳에서 두 손으로 휴대 전화를 감싸고 흡사 휴대 전화를 입속으로 깨물어 먹을 듯 낮은 소리로 의사 전달을 하고 있었다. 물론 이 여학생이 남이 들어서 곤란한 비밀스러운 통화를 하고 있었는지는 몰라도 남에 대한 배려심이 아름다웠다.

또한 일본에서 경험한 이야기이다. 지하철 내에서 내 옆의 승객이 나에게 정중히 용서를 비는 것이었다. 왜 그런지 이유를 몰랐는데, 그 손님이 나에게 "대단히 죄송하지만 아주 급한 용무가 있어 지금 휴대 전화를 받아 이야기를 좀 해야 하니 양해해 주세요."라는 내용이다. 지하철을 이용하는 모든 승객이 이러한 배려심을 가지고 있다고는 생각하지 않으나, 나에게 있어서 잔잔한 감동이 밀려왔다. '당연한 일에 내가 왜 감동하지?' 하고 자문자답하며 웃고 말았다. 당연하지 않은 일이 당연함을 제치고 판을 치는 세상인 것 같다.

아프리카 출신의 고디머(Nadine Gordimer)와 오에 겐자부로(大江健三郎)는 모두 노벨문학상 수상자이다. 다음의 내용은 고디머가 일본을 방문하였을 때, 대담 형식으로 주고받는 이야기이다.

오에 : 동경, 후쿠오카, 나고야, 교토를 둘러보시고 난 후 일본에 대한 인상은 어떻습니까?
고디머 : 이런 질문에 대해서는 조심스레 대답을 해야겠지만 분명히 할 수 있는 것은 일반적으로 외국에 알려져 있는 일본 인상과 너무 다르다는 것과 사람들의 습관이라 할까, 몸가짐이라 할까, 이런 이야기를 하자면 몇 시간이라도 할 수 있겠지만(웃음), 일본인들은 혼잡한 전차나 버스 안에서 그냥 말없이 앉아 있으며, 서로 불쾌감을 주지 않으려고 매우 노력하고 있다는 것을 느꼈습

니다. 유럽이나 남아프리카에서도 이와 같은 체험을 할 수 없지요. 타인에 대한 배려는 곧 자기억제입니다만.

어쨌든 일본인들의 남에게 메이와쿠(迷惑, 남에게 끼치는 불편)를 주지 않겠다는 노력은 사실상 일본 사회에 도덕률 제1조로 되어 있는 것이다. 오늘날 같은 기계화 사회에서 옛날 같은 고요한 소리 풍경을 바란다는 것은 환상에 지나지 않을지 모르나 가끔은 까마귀나 까치 소리나 긴 가을, 겨울밤에 이 골목, 저 골목에서 경쟁하듯 울려 퍼져 오는 다듬질 소리가 소리 풍경의 주선율이었던 옛날이 그리워질 때가 있다.

▎이상업

경상대학교 명예교수
일본문화연구소 고문

▎정희순

경상대학교 대학원 일본학과 박사과정 수료
경남정보대학 겸임교수, 진주산업대학교 강사

이런 생각 저런 생각

2007년 6월 14일 초판 발행

지은이   이상업 · 정희순
펴낸이   김홍국
펴낸곳   도서출판 **보고사**

등록   1990년 12월(제6-0429)
주소   서울시 성북구 보문동 7가 11번지
편집부 922-5120~1, 영업부 922-2246, 팩스 922-6990
홈페이지 www.bogosabooks.co.kr
메일   kanapub3@chol.com

ISBN 978-89-8433-566-0 (03040)
정가 10,000원

* 잘못된 책은 바꾸어 드립니다.
* 저자와의 협의에 의하여 인지를 생략합니다.